施振荣 / 著

微笑曲线

缔造永续企业的王道

復旦大學出版社

跨世代创业家、企业家、梦想家
一致推荐

推荐序一

宏碁集团前董事长
王振堂

施振荣先生是个博爱且乐于分享的人,他一向认为"利他就是最好的利己",就算他的宝贵经验会被竞争对手拿去应用,也毫无保留。任何一位看了这本书的读者,肯定会相信这一点。

施先生的微笑曲线及微笑学激发了许多人对创业与创新的热情,也影响了许多华人创业家终生追求全球品牌的建立,以及他不同于传统家族企业的交棒理念等,这些都是他独有的特色。在华人世界里,"施振荣"已是极具特色与高价值的个人品牌;在企业历史进程中,他已创造了巨大的正面价值。

施先生在这本书中真诚如实、有系统地阐述了一生重要的经验与深刻的省思,非常值得一读,不同世代的人都能从中找到改变的力量。

推荐序二

群联电子董事长

潘健成

小时候常听父亲提起台湾有个令人敬佩的企业家——施振荣先生，他的创业精神与创新作风一直是我崇拜敬仰的。上交大时，有幸成为施学长的学弟，他是位平易近人的大人物，对待他人总是抱着分享、友善亲切的态度。

就个人浅见，施学长可说是交大学弟妹在电子产业创业的掌门人，他的创业精神与创新、创造价值的经营理念深深影响着我们，无论在人才管理和提携后进，还是在慈善事业的投入与关注等方面皆为学习的榜样。

群联电子创业十二年，看似快速成长，实际上经历许多起伏与波折。这段艰辛过程中，我们常向学长偷师，如同他的微笑学，以分享的态度来倾听、观察人的需要，持续不断地保持创新,创造更多的价值与动力,边做边学,保持乐观,迈向企业永续经营的目标。

人生与企业一样,需要不断地创新与前进。通过这本书,你也可以学习如何微笑面对,创造自己的价值,找到你自己微笑的路。

推荐序三

公益平台文化基金会董事长
严长寿

和振荣兄结识已超过二十年了！当年我们因为都是青年总裁协会会员，时有聚会，那时他正值事业巅峰。我对他的了解，坦白说，多半与其他读者相似，除了"台湾科技的领航人"、"宏碁世界品牌的开创者"之外，当然也包括他那广为管理界传颂的"微笑曲线"概念。

真正对朋友口中的Stan有比较多的认识，反而是他交棒以后，因为我们两人殊途同归，不约而同地走向公益的路。在这过程中，我看到了一个对台湾未来永远不舍、永远关怀的施振荣；我也看到为了领导并主持台湾艺会，而笑称自己除了周休二日，剩下五天几乎都与夫人携手赶场看表演、认真吸收台湾文化艺术养分的施振荣；我更看到身体状况虽不是很稳定、却真实掌握分分秒秒及每个机会，将人生积累的经验不吝与青年、社会、企业及官方分享的施振荣。

无论从全球或区域角度来看,施振荣不但以身试证了一位成功的企业家,在功成身退之后,如何继续善用自己一生累积的经历与财富对社会产生正面影响,并立下典范,更代表台湾由农业、制造业走到科技主导的经济成长,进而转向文明历程的一个新台湾价值的品牌!

推荐序四

五月天乐团主唱、潮牌T恤品牌Stay Real创办人
陈信宏（阿信）

如果Stay Real像是一架纸飞机，那么，施先生就是让一架A380在空中飞的那个人，甚至飞行器的技术也是由他主导开发的。

施先生的"一生有很多不同常人的想法，但总会想出办法，让反向的这条路可行"。这位第一代科技创业家、台湾品牌教父的内心，从他的品牌、管理和人生经验来看，其实是反骨与叛逆的，他是名实相符的企业界Rocker。

每个平凡的自我，都曾幻想过，然而大多的自我，都紧抓着某个理由而等待。看完Stan哥的书，你还等待什么？

推荐序五

硅谷华人创业传奇

陈五福

2000年左右，我希望将留美多年的创业经验与台湾年轻人分享，在寻求伙伴时，认识了施振荣先生。当时正值宏碁交棒，施先生准备带领一批功成身退的宏碁元老另辟新战场，我很荣幸地以空降部队角色一起参与创办智融集团。

多年来，我深深体会施先生确实是名副其实的创新先驱。他融合东方待人的伦理与文化和西方待事的科技与管理，并将此贯穿于他的事业与人生。

这本书完整地总结施先生的重要理念，除了最重要的"微笑曲线""王道精神"之外，还有"人性本善""利他即利己""认输才会赢""水平整合与垂直分工""有所不为"与"创新"，等等。

跨世代创业家、企业家、梦想家一致推荐

　　施先生为了环保、健康与慈悲而茹素多年,更使他洞悉天人合一的奥妙,读者定可以施先生为标杆。

微笑曲线两端翘,
制造薄利勿再炒,
研发品牌价值高,
创新创业行王道。
施多受少福升高,
振攻衰守气满饱,
荣淡辱忍业全消,
圣重凡轻德深造。

推荐序六

appWorks之初创投合伙人
林之晨（Mr. Jamie）

  爱因斯坦在26岁的那个"奇迹年份"，连续发表了包括"特殊相对论"在内的四篇重要论文。但他不只提出这些划时代的理论，更用他接下来的50年时光，逐步发展了更多细节，让世人更容易了解、运用他的发现。

  同样地，施振荣在1992年提出了"微笑曲线"，可以说是把台湾科技业从"降低成本"（cost down）推向"价值提升"（value up）的滥觞。但他不光是提出这个概念，十多年来，他发表演讲、参与座谈，现在终于写了一本书，好好带领我们深入微笑理论的精髓。

  平凡如我们，大概很难在抽象思考方面跟上大师的步伐，但当他们把肩膀低下来，我们当然要抓紧机会，爬到巨人的身上。我推荐这本《微笑曲线》，一本让你真正进入施先生微笑境界的好书。

推荐序七

纬创集团董事长

林宪铭

创造价值、服务人群一直是施先生的中心思维，施先生不但身体力行，同时完整记录他精彩的经历、内心的感受以及智慧的心悟，更以大爱之心，不藏私地公之于世。

在这充斥着夸张的动作、耸动的标题、对立的批评及近利的短视社会，施先生以平衡、踏实、智慧及永续的经营观，利他的哲学，作为企业经营之良药，这是珍贵的价值与智能，书中无一不充满着值得学习与深思的内涵。

个人有幸与施先生共事，成为他的部属，多年来深深体会他的用心及忧心，也更折服于他的胸襟，在人生最精华的时光能与大智慧者相处而学得一招半式，实乃大幸，也衷心推荐本书，值得大家再三细读。

推荐序八

新媒体艺术家、青鸟新媒体艺术艺术总监
林俊廷

小学五年级,我就"认识"施振荣先生了,因为家里的"小教授",当时全班只有两位同学家中有计算机。第一次有机会和施先生面对面谈话,是在2010年的台湾地区国际文化创意博览会,当时青鸟结合艺术与科技,策划"回到未来——牡丹亭"的展演,施先生看完之后,开心又热切地与我谈论文化创意产业;后来施先生更亲赴花博梦想馆参观,2011年也特地来看了青鸟在台北故宫策展的"山水觉——黄公望与富春山居图山水合璧"新媒体艺术特展,令人相当感佩施先生对艺文团体的关心与鼓励。

诚如施先生在台湾艺会打造的"艺企合作"平台,希望能为台湾的艺文生态注入新生命,让艺文界与企业界携手共创的新生态达到新平衡,彼此不再仅止于买卖或赞助关系,

跨世代创业家、企业家、梦想家一致推荐

进而能创造新的价值、建立永续发展的机制，甚至进行"整案输出"，以文创品牌全球营销。施先生的开放与诚挚引发我第一次开始深入思考：像青鸟这样一个新媒体艺术团队，知其不可为而为之所投入梦想的"成本"永远大于"产值"，如此该如何与登门拜访的创投家们对话？如何超然于艺术创作与市场渠道之间微妙的矛盾，永续叫好又叫座？而艺术诉诸商业模式、产业发展模式，就真能让团队"微笑"吗？

施先生是一流的企业家，更是乐于为他人创造价值的分享家。本书中，施先生娓娓道来"王道精神"的基本心法，透视国际市场变动趋势，详述整合力，直指被整合人才的方向，解析台湾定位与品牌精神，分享创业经验与企业永续生存之道。字里行间温暖的力量如雨露阳光，创新的思维如种子般撒下，分享家欣然期待哪一块土壤将自成一片荣景！

当这个世界似乎变动太快、令人有些不安时，我们需要更多像施先生这样的分享家，通过团队实践与智慧，创造更多正面价值！分享家的微笑，如同象征幸福的青鸟，带来令人鼓舞的好征兆！

目 录

自序　我的"微笑"人生　施振荣／1

采访序文　一位不老灵魂的探矿者　林静宜／9

第一部　当百倍挑战遇上千倍机会　　1

第1章　微笑的原动力／4

第2章　你的缺点，可能是最佳特色／14

第3章　反向思考，走出自己的路／21

第4章　变动世界的生存之道／28

第二部　一条曲线解25个企业与人生课题　　35

第5章　有价值不够，要有附加价值／37

第6章　高附加值就在微笑嘴角的两端／47

第7章　微笑竞争力的八字箴言／56

第8章　新"木桶原理"——再强，强不过最弱的
一环 / 66

第9章　别做浪费青春的事 / 78

第10章　品牌是下一个兆元产业 / 90

第11章　展现令人心动的皓齿笑容 / 101

第三部　就是现在，创业与创新正好　　　121

第12章　创业，为了满足社会需要 / 124

第13章　滚大你的创业雪球 / 135

第14章　云端时代创业成功的关键 / 149

第15章　创新与纪律双融 / 160

第四部　做个微笑CEO　　　175

第16章　决战未来的王道竞争力 / 178

第17章　做对决策的关键 / 192

第18章　培植组织的变革DNA / 204

第19章　打造永续经营的企业 / 213

第20章　让人生微笑的关键 / 227

后记　依然"施先生"　叶紫华 / 235

传承　施振荣的创见与理念分享 / 240

自 序

我的"微笑"人生

施振荣

这一代的年轻人被称为"失落的一代",我常在想,究竟这个时代失落了什么?回顾这四十年来的创业路,我发现每当一个新时代的开始,焦虑的大众总会问一个问题:"未来该何去何从?"有趣的是,依我过往的经验,每当大家往同一个方向看时,你往反方向看往往可以找到答案。一般人总以为未来充满未知,但其实有更多"未来的已知数"就在眼前。我把事业和人生的每个转折都当作新契机,每当出现"新失落",也是我创造"新价值"的时候。

回想起20世纪90年代初始,个人计算机产业产生巨变,从垂直整合到垂直分工,利润突然大降,我记得1991年《哈佛商业评论》还曾经刊出一个专题:"不做计算机的计算机公司,没有晶圆厂的半导体公司"。面对产业新的典范转移,宏碁该何去何从? 1992年宏碁再造前,我重新检讨整个产业链的变化,提出了"微笑曲线"这个概念,宏碁集团也因为微笑曲线而一路创造高峰,后来这条曲线的运用越来越广,不仅在电子产业,各行各业也都体现了微笑曲线的价值。

我很高兴,更意想不到,当年提出的微笑曲线,竟在日后闻名国际,并被国际商学院广泛引用,在华人社会的应用更是普遍,微笑曲线甚至比我还有名。不过,我也发现外界对于微笑曲线有些误解,例如,以为要提高附加价值,就必须完全放弃制造。由于没有了解精髓,导致实务应用上无法"微笑",非常可惜!

我从未针对微笑曲线出书,顶多只在演讲、上课时加以着墨,既然它广为人知,且从原先的个人计算机产业延伸到各种产业的运用,我当然有责任厘清误解,并因应时代趋势,把它的精髓阐述得更清楚。退休之后,我反而有时间去接触更多产业,涉猎范围也更广,加上累积二十年的实证结果,现在到了可以完整分享的时机。

微笑曲线有个关键词,就是"价值"。价值是一切的起点,也是微笑曲线的中心思维,而创造价值也是我一直信守的人生观。但是,究竟要如何思考才能找出价值在哪里?

认势、顺势、造势

微笑曲线其实就是一条找出附加价值的曲线,能够协助你看清产业趋势、大环境变化,了解现实情势。我常说:"再强,强不过最弱的一环。"价值链上的任一个环节可能面临的都是全球竞争,要创造价值,就先得清楚认知客观环境是什么,这就是认势,才会有之后的策略。

未来的世界,策略思维的重要性不言而喻,那就是先顺势、再造势。在拟定策略时,要懂得顺势而为,先保护罩门,不要暴露弱点,尽量发挥优点,造出对自己有利的情势。

现代人的问题是,花太多时间在抱怨太多的事,应该花时间认势、顺势、造势。微笑曲线就是让你认清整体的大势,再造出个体的小势,一方面分析产业的附加价值所在,另一方面思考如何借重现有的竞争力,投入新领域,创造出更高的价值,同时借由个体建立的新核心竞争力,提升产业整体竞争力。

退休后的这几年,我重新思考这一路走来,以前觉得隐约是如此、应该要这么做的一些想法,与自己在跌撞之中,闯出一条路的许多关键思考其实是相通的。

微笑曲线适用于各个产业,也适用于企业经营管理、个人职业生涯规划。这条曲线解开了企业与人生许多共同的课题，像是打破框架、拥抱问题、把握机会、品牌营销、创造价值等。事实上，在微笑曲线的上中下游里，每个垂直点都有创造价值的机会，每一个企业或个人都要想办法在价值链中找到自己的定位与生存之道。20世纪80年代前，公司内部对应该由营销挂帅，还是生产、研发技术挂帅争论不休。我当时就提出要以智慧挂帅，也就是现在的知识经济，微笑曲线要思考的是活用知识，而不是生产复制，因为生产复制容易供过于求而降低价值，而活用知识才可以不断创造价值。

个人也是一样，可以从微笑曲线了解工作大环境，定位你可以扮演的最佳角色。比如在教育界，老师在教育的价值链中也可以有不同的定位，并扮演不同的分工，如果选择把教学做到最好，那就是在右端经营个人服务与品牌；如果往左端的智财（IP）①发展，则可以开发教科书、教材、专著，创造知识的价值，让你"连睡觉也在赚钱"；或者定位是授课，有的人开补习班，复制"知识分身"来赚钱。

上班族更是如此，想要升迁、成长，就要认清公司给你

---

① 智财（Intellectual Property，IP），指智慧财产，一种无形的财产，例如发明专利、商标、著作等。

的分工是什么？然后想办法提高这个分工的附加价值。在微笑曲线上，每个分工可能同时是整合者与被整合者，你更要弄清关系，做足准备。

就主管而言，其既是部属的整合者，也是老板的被整合者。每个人一开始都是先把自己的分工做到最专、最精，然后再利用这个分工，了解职场生态，弄清产业（职场）上下游关系，做到"上下"逢源。当你对其他分工有所了解，等到有一天往上走，就能变成称职的整合者，创造新角色的价值，不会因为不清楚、能力不足而做白工。

走一条利他利己的路

我在1976年第一次创业，当时旺盛的创业家精神是台湾人的骄傲。如今，工作消失、人才流失却是台湾人的主要焦虑之一。为何昔日的骄傲却变成今日的焦虑？我认为，大环境激烈震荡已是常态，未来也是如此，在变与不变之间，你要先抓住不变的，比如，不变的是要继续创造价值，而变的是随着时空的不同，该创造什么新的价值？经济学供需原理不会变，有需求，供给才有价值，所以你一定要创造符合社会所需的价值，这个道理不会变，变的是现代社会有什么样的需求，这是你要去深入发掘的。

农业社会，个人生活建立在五伦关系上，然而现代社会，我们每天最常面对的是群我关系，也就是第六伦。五伦当然存在，但个人花在群我关系上的时间更多。从现在看未来的需求，势必要重视第六伦，而且有别于和个人关系密切的五伦，你和大多数的群体并不认识，但未来要成功，必须考虑群（利益相关者）的生态平衡，走一条利他又利己的路。

利他，才能永续地利己，就像我这两年常谈的王道精神，领导人经营企业的过程中，不论是面对竞争、推动变革转型或成长扩充，都要把王道精神当成是在茫茫大海中指引我们方向的北极星，因为它能够引领你专注创造价值并追求利益相关者的平衡，持续有效造出有利的势。走在前头的人，应该分享已知或已走过确认是不可行的事，让后进者可以在前人的基础上解决新发生的问题，从经验中不断学习，社会整体才能持续进步。

从我开始工作到现在，四十年来，我不断在思考台湾地区的新竞争力，也长期在这个领域投入许多心力。从宏碁集团退休后，我与志同道合的伙伴成立智融集团，希望在知识经济的新时代，以过去累积的经验，提出新经济下应有的新思维，带动产业发展，同时为了协助更多的台湾本土企业品牌迈向国际舞台,也积极推动"品牌台湾"的理念。

我一生都在创业,我的工作人生上半场是为事业打拼,下半场则是为志业而活。我认为,人要退而不休,只要还有能力,就要继续为社会贡献,所以我成为一位快乐的分享家,关切的议题也更广泛,花时间公开演讲与定期发表文章。唯演讲与文章的篇幅有限,无法完整呈现思路与逻辑,因此通过本书将心中所想的做完整说明,出书也是因为觉得祖国需要,让大家不用像我一样,从零开始想起。在此,要感谢信昌细心地先将我过去的演讲资料与文章整理出来,使我省了不少力气,加上静宜认真的采访写作,融会贯通我毕生的心得。

除了微笑曲线,我在这本书还分享了自己体悟到的创业与创新法则、经营管理know-how、人生价值观等,这些都是这几十年来,我几经思考才通透的道理,其中有很多是不留一手,检讨大大小小失败后得出的结论。吸收别人的失败经验,跟开创成功经验一样重要,如果已经知道这样做会失败,就不要重蹈覆辙,把精神放在寻求新的成功之道,为社会创造出更多的价值。

眼前虽有百倍的挑战,但也有千倍的机会,就看你把眼光放在哪个方向。我一直觉得，人是为了创造价值而存在的，我跟大部分人一样平凡，如果我能走出一条属于自己的路，相信你们也都能。如果有人从书里看到任何一句受用的话，进而创造让人生微笑的动力，我就心满意足了！

采访序文

一位不老灵魂的探矿者
—— 这个时代特别需要的微笑学

林静宜

你心中是否曾存有以下疑问：

面对快速变动的世界，焦虑未来，犹豫该不该转换跑道？

就算看见方向，也不知如何转换（shift）？

不久的将来，全球数十亿人随时在"云"上联结，领导者与创业者要有哪些能力，才能洞察趋势？

工作生涯随着人类寿命延长越来越久，究竟工作对人的意义是什么？

你的人生到底要追求什么？

只要你愿意花些时间阅读这本书，以上问题，甚至其所延伸的相关疑问都能获得启发。

被称作台湾个人计算机教父、品牌先生的施振荣，其创业故事一直为人津津乐道。一位平凡的小镇之子，能够用科技改变人们的生活，以创新的观念推动社会前进，他提出的微笑曲线，创办的宏碁集团，Acer品牌举世知名。

他，是美国《时代》杂志六十周年选出的"亚洲英雄"，也是当年的台湾唯一，Discovery频道为他制作传记影片，美国硅谷计算机历史博物馆专门来台为他撰写口述历史。2012年6月，美国纽约国际顾问公司声誉机构（Reputation Institute）选出全球百大最佳声誉公司，宏碁排名第73，是唯一入榜的台湾公司。

他，更是一位跨时代的创新者。

对台湾地区来说，施振荣做出亚洲第一台个人计算机，启动了蓬勃发展的ICT产业链，退休后，他持续关注台湾未来竞争力的议题，投入时间与心力，为社会创造无形价值（见第1章）；对华人而言，施振荣率先走上国际，使Acer成为华人的全球品牌先锋，证明品牌之路是可行的；对世人来说，施振荣引领的台湾个人计算机产业，让个人计算机从奢侈品变成平民产品，加速数字科技的普及，带动世界进步。

微笑曲线提出至今已20多年，这条曲线已成功改造许多企业与产业，也有助于你我养成人生许多重要的能力。这本书就是施振荣重新诠释验证后的"微笑曲线"心法。同样遵循微笑曲线,为何有很多人或企业无法微笑?走出微笑曲线底部,朝两端发展的秘诀是什么?施振荣首度传授25个关键密码,教大家启动能够创造价值的微笑曲线。

虽然这是一条说明产业附加价值的曲线(见第二部),却可以活用在个人、组织、企业、国家竞争力的思考上,是"以简驭繁"之道。你无须读过管理学,也不必了解难懂的动态分析模型,只要懂得施振荣的微笑曲线,就能在竞合关系中,分析当下的附加价值所在,进而思考出价值创造的策略。

本书共有四部分。第一部的微笑精神让你打下基本功,认识新的赢家思维。第二部的微笑曲线25个关键密码,让你活用微笑曲线思考、分析情势。第三部的微笑创业创新法则、第四部的做个微笑CEO,让你看见趋势,为自己、为服务的组织、为所处的社会环境创造价值,启动正向循环。

这条曲线其实富含了施振荣40多年的实战经验,以及他的人生哲学,也是他走出与众不同之路的秘诀,我们可以用"SMILE"五个英文字母来认识他的微笑思考法。

微笑思考五诀

分享(sharing):幸运来自你的态度,施振荣的微笑学讲的是分享的态度，当一个人愿意分享给他人时，一切作为的收获会比抱着竞争心态来得更丰硕，这样的人生自然会更富足、更有成就感。施振荣相信人性本善，不是紧握手中的资源不放，而是主动分享；他的管理风格是不留一手，享受大权旁落，给人才最大舞台。

跟随并非我的风格（me too is not my style）：这句话是微笑学思考的起点，用反向思考，做大家都没有，唯你独有的事。施振荣认为，人生的意义就是要替他人与社会创造价值，要创造新价值，就不能只是跟随者，必须真正做自己。所以，当年他不跟随主流价值选读医科，而选择最新的电子工程；不去外商，从本土企业研发部门开始做起；挑战华人传统的中央与家族集权，立下传贤不传子的接班典范。

整合者（integrator）：从微笑学看未来的世界，个人、组织、企业都可能同时扮演整合者与被整合者，不论是何者，都要运用自己的优点与长处，在微笑曲线上找到独特的定位，以整合思维取代零和竞争。整合者要懂得顾及所有参与者的利益平衡，被整合者也要在专精领域为合作的群体创造价值，以避免变成为团队里最弱的一个环节。

从错误中学习（learning from mistakes）：让每段经历转化为宝贵的生命经验，能否从错误中学习成长是能否微笑的关键。微笑学定义,真正的失败是放弃,挫折、困难只是累积成功的过程而已。在创业、创新与人生的路上,施振荣经历了许多起伏与波折,却能保持乐观,懂得认输才会赢、要"命"不要面子,最终找到达成目标的方法。

生态平衡(ecological balance):微笑学是利他利己的东方王道思维,微笑学的竞争是比谁为生态、世界创造出更多的价值。不论是管理企业,或是经营人生,利他才能永续地利己,做个以生态永续为策略思考的微笑CEO,在成就众人之际,也创造出自己的最高价值。

用微笑学,走出自己的路

SMILE代表的五种思维,是这个时代特别需要的"微笑学",它能让人走出自己的路,真正创造出个人价值。然而想真正提高自我的价值,也不是一味只聚焦己身,必须通过为他人创造价值,间接实现。未来的世界、工作、生涯都跟现在很不一样,个人无法独立于社会之外,在多元化、虚拟化、全球化的团队与社群里,你需要另一种新的赢家哲学。

微笑学不是教你传统的成功方法,而是与生态共存共荣的成就之道,它不追求昙花一现的快速获利,而是寻求基业长青的最大价值,可以充分运用在创造个人工作、产业趋势、创业创新、管理与领导等层面。

伦敦商学院教授琳达·格拉顿（Lynda Gratton）和她的研究团队发现，决定未来的三个关键分别是：合作比竞争更重要，累积一种以上扎实专业，把工作当作累积经验比赚取金钱更有价值，这些都与施振荣的微笑学不谋而合。

进行这本书的采访之前，我碰到一位创业成功的APP公司执行长，她说在创业路上最想感谢的人之一就是施振荣。多年前她是宏碁的基层员工，后来决心踏上创业路，创业的过程中，她苦思几个问题，找不出答案，写了封电邮请教施振荣，"没想到，施先生打了两次电话，第一次我不在，第二次才找到我，他花了快两个小时，给我好多建议，提醒我创业该注意的事。"对于一个素未谋面的离职员工，施振荣愿意花时间分享创业心得，为的就是希望有更多人能在他已知的基础上前进，以及不要步上他走过的冤枉路。

"我是一位探矿者，享受无中生有，如果因为我在前头的开拓，让更多人有路可走，我就很开心，觉得很有成就感。"比起把钱赚进自己的口袋，施振荣更享受能够成就他人、群体的欢喜。

但，当一位探矿者是不容易的，要能看得比别人更远，想得比多数人透彻，更要有一颗敢于冒险与豁达接受挫折的心,因为前方不一定能采到矿。施振荣说,只要自己还有体力,就会持续为社会贡献己力,"我虽然从宏碁集团退休,却没有从社会退休。"我从这位探矿者的眼中,看到了一个不老的灵魂——随时让自己保持对未知的好奇心,以及对社会的关怀心。

趋势大师奈斯比特(Naisbitt)说,未来早存于现在之中,微笑学正是跨世代的经典价值。不管你是正在起飞的三十世代,还是想再创价值的四十、五十世代,或是寻找第二人生的六十后世代,都能通过施振荣的微笑学,重新定义自己,创造出更多的价值。

让人生微笑的关键一点也不难,现在,给自己一个"微笑"吧!

第一部
当百倍挑战遇上千倍机会

他之所以与众不同，因为一位真正的领导人，并非拥有最多的跟随者，而是能培养出最多的领袖；一位真正的启蒙者，并非只关注知识的增长，而是能让更多人明白知识的力量；一位真正的策略家，并非手头紧握资源不放，而是以分享达成动态均衡。

受施振荣影响而有所成就的创业家与企业家不计其数，他不断突破华人的传统思维，也被许多国际权威媒体推崇为最有远见的领导人。他永远与人分享知识，传承实战经验与创新视野，不留一手。

施振荣的微笑曲线以及"全球品牌、结合地缘"的国际化模式，不但把台湾地区的ICT产业推上世界舞台，影响力更扩及其他产业。他的经营管理模式被哈佛商学院列入个案研究。

而他出身平凡，三岁时父亲过世，母子相依为命。从小个性内向，念课文还结结巴巴，大学前不曾上台演讲。数理成绩虽然优异，联考却失利，重考才进了交大。然而，小镇之子却开创了全球品牌Acer。

1976年施振荣与友人以100万元台币创立宏碁公司，到2004年年底他退休时，自宏碁开枝散叶的ABW家族（Acer、BenQ、Wistron）总营业额已达到222亿美元，到2010年更增长至约660亿美元。

"我能,大家都能,因为我跟大部分人一样。"一生经历过许多起伏与波折,施振荣如何保持乐观,一路前进?他的"微笑精神",正是这个百倍挑战、千倍机会的新世界里,每个人都需要的经典价值。

第1章　微笑的原动力

> 人生的意义是什么？我的目标是为他人创造价值，为此，你得不断突破瓶颈，挑战困难，因为如果走的路太容易了，就轮不到你。

2004年年底,我如愿依自己的人生规划,在科技业冲锋陷阵30多年之后,60岁时带着感恩之心退休。回想1976年9月,我和其他合伙人用新台币100万元创业,成立宏碁,我必须坦白说,当时创业是"不得不"的选择。

交大研究所毕业后,我先到环宇电子上班,开发出台湾第一台电算器,接着到荣泰电子工作,研发出全台第一部掌上型电算器、全球第一支电子笔表等新产品,正当我们准备抢进新兴的微处理器应用产品市场时,不料,公司受到大股东家族事业的拖累,财务陷入困境,后来宣告破产。

荣泰本业大好,前景更是无限,却因出资者的偏差而倒闭,这也是往后我极为重视公司治理的原因。

那时,没有公司治理这个名词,创业第一天,我就告诉伙伴们:"公司是大家的,经营要顾到所有的利害关系人。"我的理念是,公司虽然是我所创立,但并不属于某个家族,我定位自己为专业经理人,也是受雇者,而非拥有者,目的就是要打破华人传统文化中"家天下"的观念。

个人生命有限,企业却可以永续经营,满足社会需求,所以要像接力的马拉松赛,一棒接一棒。这也是我为什么很早就培养接班人,而且交棒计划安排近20年的原因。

微笑的原动力就是创造价值

自行创业并不是我预定的人生计划。我们一群年轻人突然失去了工作,身为研发者,我知道全球将因微处理机带动二次工业革命,我不希望错过这个前所未有的大好机会,于是我集合一群穷小子,一起创业、圆梦。

想创造新的价值,就不能走和别人一样的路。当初创业时,我对台湾地区产业的想法是,我们的电子业在制造上已具备国际竞争力,最需要提升的反而是研发技术与国际营销的能力,宏碁就是往这两个方向发展,而这个概念后来也演变成为"微笑曲线"。

在我创业之初,台湾地区还没有微处理机技术。为了让此技术普及,我们自许为微处理机的园丁,引进美国技术,积极推广市场,并培训3 000位工程师,提升研发及营销能力。到我退休时，整个集团规模已达数千亿元，中间经过两次的组织再造工程，整个ABW家族稳定运作，宏碁（Acer）由王振堂领军，专注经营品牌；明基（BenQ）由李焜耀负责，独立发展；纬创（Wistron）由林宪铭担任董事长，专注研发制造服务，三个集团都在自己的微笑曲线上，创造各自的附加价值。

事业有好的领导者接棒，我开始最有兴趣的志业——做一位分享家，分享一生的创业经验与国际观点，继续贡献社会。

分享若要有力量，就需要团队，我成立智融集团，集合一些宏碁集团的退休伙伴，包括宏碁欧洲区前总经理吕理达、新加坡宏碁国际前董事长卢宏镒、宏碁美洲前执行长庄人川、宏碁公司前财务长彭锦彬等人，一同开创新事业。近几年，也加入了业界朋友，像硅谷华人创业传奇陈五福以及从惠普公司副总裁职位退休的杨耀武，他们都是创新与管理的佼佼者。一起"智能融通、共创价值"正是智融集团取名的初衷。

这是一个可以将经验传承的平台，让每个人都能贡献智慧，智融集团底下有创投、咨询顾问与资产管理等业务，至于公益事业则由智荣基金会负责。智融集团还兼负培育人才的目标，从标杆学院、微笑品牌发展中心到王道薪传班，希望能为华人培养出更多未来的领导者、管理人才。

智融集团几乎是我退休生涯的重心。退休后，我重拾生活乐趣，早上和太太一起散步运动，有时陪着上菜市场买菜。此外，对优质的艺术展演，我们也很少错过，精神生活的充实，我也加速补足。但是大部分的时间，我会到位于敦化北路的智融办公室贡献所长，与各界人士开会讨论，以及外出演讲分享我的理念。很多人好奇，我退休后应该去游山玩水、享清福，为何还要二次创业，成立智融集团？

微笑的原动力就是创造价值，我的人生观也是如此，一切作为也都是环绕着这个核心概念。因此，我对退休的定义和别人不太一样，从工作岗位上退休不代表从社会上退休，人是为了给社会创造价值而存在的，只要还有能力，就应该继续作出贡献，创造快乐、更有意义的人生价值。

价值，不能只取决于投资报酬率，对我来说，无形更胜有形。严格说来，我创办的宏碁集团在获利排名上并没有特别杰出，但我们对社会的贡献度才是让我最有成就感的事。

一个穷小子从无到有的创业故事，像我这么平凡的人都能做到，其他比我条件更好的人，应该可以从我身上看到信心。我在宏碁立下"传贤不传子"的企业文化典范，多年来，也为社会培养了无数的管理与领导人才。二十年前,宏碁营业额与专利权数目算是领先产业界,现在产业界已有更多后起之秀,我们开创出那么多条路,让有能力的人各自去发挥,这就是最大的成就。

最令我欣慰的是,Acer的自创品牌之路创造了投石问路的示范作用,台湾地区也发展出不少的世界知名品牌,也因为坚持自创品牌,造就许多上下游的零组件厂商跟着我们成长,成为世界大厂,有些企业的获利比宏碁还高。

☺ 经营人生就是让自己更有用

有人问过我,我最珍惜的财产是什么?我的答案是可以帮别人创造价值的"形象"。对我而言,形象是名大于利,不过,我要的是名副其实的形象,决不接受勉强得来的,更不要表面的虚名。

每个人的价值也是无形大于有形。我们可以把微笑曲线中间的制造看成工作,好比一个人刚出社会累积实力的打底过程,左边的研究发展,可以视作创新、知识精进的能力,右边的营销,就是创造个人品牌价值。

大部分的人都是从附加价值最低的制造开始,就像一个发展中国家,为了增加就业人口,必须先发展制造业,但之后若没有往上升级的想法与规划,就会产生问题。

以我自己为例,从就业到创业,职场改变了,角色也跟着从工程师转型为经营者。比较幸运的是,在就业五年期间,历练了研发、制造、采购、品牌营销、代工业务等工作,奠定经营的基础,创业后,虽然我还是很热爱工程师的工作,但必须转型为一位带领团队前进、不断为他人创造价值的经营者。也就是,放弃微笑曲线中间的"制造",朝两端发展经营事业所需的能力。

小时候,我母亲常告诉我:"要做个有用的人。"母亲一生茹素,虽然只有小学毕业,却很有智慧,亲友总是对她说,独子容易学坏,很难教养,但她从不相信,用心期勉我成为一个对社会有用的人。

经营人生,就是让自己对别人有帮助,成为有用之人。有用,就是为社会创造价值。

如果你只着重微笑曲线的底部,而不去思考如何对这个世界有更多的贡献,人生的价值就会打折。金钱跟着工作而来,但不是生命的全部,也不是成就与否的判断标准,若不好好运用,甚至可能让微笑曲线变成两端向下的苦笑曲线。一位有钱人,如果没有好名声这些无形的资产,不会受到世人的尊重。像比尔·盖茨这样的富人，就充分发挥了"财富"的价值，他慷慨捐出他的大部分财产，并投入许多时间、心力去从事慈善公益活动。

人生的道路上，你得不断突破瓶颈，挑战困难。我的个性有个麻烦之处，容易"喜新厌旧"，一样项目做成熟了，就会想要交给别人接手，自己再去找新东西来做，寻求突破。从宏碁到智融集团，我都是往前走，提早做二三十年后台湾要做的事，但也因为总是在前头披荆斩棘，往往能率先看到最美的人生风景，因为如果走的路太容易了，根本轮不到你。

人生的意义是什么？就是替他人与社会创造价值，这也是让人生微笑的原动力。

◡ 人生的另一风景

我拒绝了很多外界要颁给我的虚名。例如要捐钱的荣誉博士，我认为博士不是买来的；当我的名字跟某些人放在一起可能会产生误解时，我也会婉拒，例如不做事的政策顾问。

名声代表别人认同你的价值，我很清楚自己要的是好名声,大家肯定我对社会有所贡献,而且通过具体努力而得,所以从不捐有形的建筑物,都是捐无形的、具鼓励作用的行动计划,像为不同求学阶段学生设的奖学金,带有不同目的的鼓励。

给小学的是"快乐儿童"奖学金,希望他们在快乐中学习,给中学的奖学金是鼓励他们发挥"实验与创作"精神。我自己在高二时,获得"爱迪生奖",这是给全校累计高一、高二之数理成绩第一名的奖项,当时我在全年级成绩排名不过是六七十名,可以想见,数理以外的科目成绩不怎么样,拿到爱迪生奖让我信心大增,第一次大学联考虽然没考上想读的学校,在就读大一时,仍努力准备重考,来年考上交大电子工程系。对于大学,我给的是"社会服务"奖学金,利他才能利己,当存有这样的观念,便容易发现自己的人生价值。

我曾在公开演讲提到,民主素养与法治精神是社会进步的原动力、社会稳定的基础,官方应该推动十大"无形"建设,尤其要扎根教育。不过,十年树木,百年树人,这种长期又"无形"的规划无法获得支持,大家还是以"有形"建设为主。

可是,在未来世界无形资产将会越来越有价值,微笑曲线我谈了20年,它反映了无形的智财、品牌、服务会比较有价值,有形的制造如果不善加利用,价值早晚会变成负的,这也是我愿意接下台湾文化艺术基金会董事长的原因,无形的软实力能为现在的"有形"产业,如科技业、传统产业创造更高的附加价值。

接掌台湾艺会后,我与各界脑力震荡,思考如何引进企业资源,打造"艺企合作"平台,希望能为艺文生态建立永续发展的机制,为了鼓励、了解艺文团体,我常赶场看表演。以前创业从未跑过下午三点半,退休后反而勤跑晚上七点半,也是人生的另一风景。

第 2 章　你的缺点，可能是最佳特色

> 人生的价值在于你的贡献对别人所创造的价值。

曾有媒体拿我与各领域的其他精英做比较，他们在报道中指出："企业经营，他不及美国通用电气集团（GE）前董事长杰克·韦尔奇（Jack Welch），赚钱不及亚洲首富李嘉诚，虽然他眼光独到，但也赶不上微软创办人比尔·盖茨，但他总能做到别人所不能，尤其是华人所不能。这在于他海纳百川，有容乃大，特别是在一个日见平庸的时代，用伟大一词来评价施振荣先生，一点都不勉强。"

我想我和一般人眼中的英雄并不一样，我的领导哲学是相信人性，充分授权，虽然我创立了宏碁，但我鼓励员工勇于创新尝试，希望他们青出于蓝，因此成就了更多国际级的华人创业家。这可能跟我是独子有关，因为没有手足帮忙，所以要学习先把自身利益放下，在成就别人之后，别人也会愿意回过头帮忙，团队力量更大，我发现从利他出发，反而获得更多，创造出独特的价值。

欣赏自己的独特之处

每个人都有自己的独特之处,我从不跟别人比,只跟自己比。你可以向典范学习,并从中找到精进方法,但你们无法比较,因为你和他的客观条件不同,境遇也不同,应该要走自己的路。

一路走来,我的个性还是能不讲话、可以不出头最好。

我的成长过程不像一般人那样顺遂。三岁时,父亲因病过世,母亲开了一间小杂货店,含辛茹苦养育我长大。我从小就很乖,个性内向,碰到人也不会叫阿姨、叔叔,上学时,我就是静静坐着,很害怕被老师点到名,放学回家后,没有兄弟姊妹,如果同学没有来我家,我就是一个人做功课、读书。

或许很多人不相信,上大学之前,我从来没有上台演讲过,我胆子很小,做很多事都怕怕的,害怕这样,不敢那样,还好有母亲带着我去尝试。婚后,换成胆量比我还大的施太太(我内人)在背后帮我壮胆。

我的背诵能力也不好,就算念课本也会念得结结巴巴。文史科目向来是我功课上的一大弱点,虽然花了很多时间温习，成绩还是不尽如人意。我很爱看书，但记忆力不好，对每天阅读的许多数据只隐约有印象，不像有些人可以过目不忘，事实上，我连电话号码都背不起来，电影里的演员名字也是看过就忘。

但我不会抱怨自己的缺点，这样浪费时间又伤神，要懂得化劣势为优势，把缺点变成特色。

因为胆子不大，我凡事会先思考、盘算后果，反而不易冲动行事。相较于背诵能力，我的理解能力特别突出，虽然没办法背诵名人文章，引经据典，但我把坏处当好处，变得很喜欢动脑筋，尽可能消化文章含义，自己思考出一番道理。结果，反而让我可以自然地即兴演讲，思维也能突破框架，与众不同，由于没有华丽的文藻或名言，一般人都能听得懂，沟通更容易也更有效。

☺ 进步就是比昨天更好

我常讲，千万不要否定自己，进步就是比昨天更好，幸好我小时"不了"，成长过程的每个阶段都比上一个更好一点，使我越来越有自信。

当然，不自我否定，不代表永远的自我肯定，这会陷入自我感觉良好的迷思，令人看不清盲点。旁人的批评，除非不是事实，如果有根据、道理，我们应该接受并检讨，这是人生珍贵的益言、益友。但也不是全盘接收，如果你发现别人对你的批评是因为他不了解真实情况，要自有定论，不受影响。

我把德碁卖给台积电时，网络上有人批评我是猪，我并没有生气，反而笑笑说，"猪很聪明"。

外界的人因不清楚状况才会用情绪性字眼。当初基于台湾IT产业发展关键零组件的需求考虑，我认为以宏碁在产业界的地位，应该投资DRAM厂，因而与美国德仪公司合资成立德碁。后来，美国德仪由于技术无法取得市场领先，决定退出DRAM市场，宏碁考虑长期发展将无胜算，因此决定将德碁列入非核心业务，淡出半导体市场。台积电因为当时半导体需求旺盛，加上为了拉大与联电的差距，最后由台积电并购德碁。

宏碁投资德碁近十年，当年德碁规模在岛内排名第三，因为做单一产品，有时利润比台积电、联电还好，十年总结加上换得台积电股票，投资报酬率对股东能有所交待，现在回头看DRAM产业的经营困境，我们的决策是正确的。

台湾地区经济起飞后，多元化的社会环境与百花齐放的文化底蕴使年轻人更懂得生活、创意也更为多元，他们有着与我们这一代不一样的优势。我深切地认为，每个世代的客观环境不一样，心态、想法都会不同，不需要比较，下一代会创造属于他们的世界。我也不认同，很多老一辈所说的"一代不如一代"，我觉得应该是"一代强过一代"，要相信现在年轻人的能力，如果真的一代不如一代，那么上一代也是要负责任的。

☺ 你就是你，只要存有比较心理，日子就不好过了

幸福就是知足常乐。

论语说，三人行必有我师。参加会议或演讲，我尽可能提出建设性意见，也会认真听讲，就是因为专心，我常从别人觉得平淡无奇的发言中得到收获。好的榜样我就学习，不好的，像时间控制不当，也能从中学到如何避免犯相同毛病。

每天随时张开眼睛、打开耳朵学习，这不是跟别人比，那个人的音乐素养高、英文讲得好，我欣赏他，但这不会打击我。你就是你，只要存有比较心理，日子就不好过了。

现在，很多国家都在谈幸福指数，日子要过得幸福快乐

很容易，只要知足常乐。我不是宗教家，不过，我观察到很多的不快乐是跟人做肤浅比较的结果。幸福是自己创造出来的，不要跟别人比，满意于"足够"，就能感到幸福快乐。

我从周边的许多人观察到，只要愿意为他人创造价值，就很容易累积到能满足所需的财富，但不是每个人都能达到"富足"的境界，原因就出在跟别人比较。因为爱做比较，所以老是感觉不足。肤浅的比较容易让人心理不平衡、不知足，越爱比较、越觉得匮乏，当然也就不觉得幸福。

小的时候，母亲的小杂货店让我的生活无虞，创业成功后，我并未改变我的生活模式，我对名牌没有欲望，金钱换来的物质享受对我来说短暂又空虚。因为生活朴实、简单，我时时都很快乐，安于足够。当你觉得自己已拥有很多，更能回过头来体验生活滋味，心灵也因而有真正的自由。一旦一个人能够体会自由，自然能够不受限，活出真正的价值。

第3章　反向思考，走出自己的路

大部分的人依社会主流价值生活，但许多传统的思维反而成为限制我们潜能发展的最大瓶颈。

中华传统文化里有很多美德与普世价值，例如以和为贵，以德服人，讲究共存共荣，不争一时、争千秋的这些哲理，道尽了永续的智慧。但是，我也发觉，个人或企业、国家的最大瓶颈可能也来自传统文化，不少的传统思维限制了我们的潜能发展。

我在20世纪70年代创业，那时社会上的管理思维是把每个人当坏人看待。例如，做什么事都需要保证人，进公司要保证人，出境要保证人盖章；公司经营者都是中央集权，上下班要打卡。这种传统文化对于人的潜力发挥极为不利。

突破传统需要方法，我是用反向思考。

既然传统思维是不相信人性，我就倒过来想，从人性本善出发，挑战当时的经营思维。虽然人事部门因不好管理而反对，我还是让员工上下班不打卡。公司成立第一天，我就用分布式管理，授权大家做决策，我跟员工说，就算做错也没关系，公司替大家缴学费，只有一句话送给他们，"拜托！不要白交学费，要从教训中学习、成长。"

我的一生也有很多不同于一般人的想法。40多年前，那时社会的主流价值是念医科才有前途，班上成绩不错的同学都念医科，我数理成绩优异，却决定不念医科，反而选读最新的电子工程，幸好，母亲没有反对，日后才有机会走上科技创业这条路。在我们那个年代，很多人都想要出境留学，我并没有从众，而是留在台湾地区读硕士，反而让我赶上了台湾电子产业起飞的契机。

从小到大，我个性虽乖，但很有自己的想法，"Me too"不是我的作风。我特别喜欢挑战偏执的世俗观念，而且会想出方法让反向的这条路可行。根据我的经验法则，反向思考有助于打破框架，想通很多环节，最后做出成果，走出自己的路。

交大研究所毕业后，外商飞利浦及本土企业环宇电子同时找我加入，我选择进入台湾第一家设有研发部门的环宇，因而有机会研发设计出台湾第一台电算器，并且成功上市。如果我跟随主流，选择进入外企，可能英文会突飞猛进，但也失去了在最短时间内从工程师到生产部主任历练的难得机会。

微笑曲线是我最重要的反向思考的代表作

微笑曲线是我反向思考而来的，原本只是为了说服内部同事而发展出来的转型理论。

创立宏碁的时候，台湾是全球最大的制鞋产地、玩具制造产地，当时我就体认到品牌的重要。所以，在我们规模尚小之际，就开始自创品牌，我们是先有研发、品牌，可说是以"微笑的概念"创业，只是并未具体画出这条后来广为人知的曲线。只可惜那时台湾给人仿冒、质量不好的印象，并不利于我们发展国际品牌，后来为了生存，才发展代工制造。

不过，到了1992年，大环境改变了。为了因应变化，宏碁进行了第一次的企业再造，推动"快餐店产销模式"[①]，希望将附加价值较低的组装移往海外，我们则集中精力，发展附加价值较高的部分。初期有部分员工并不是很能接受这样的做法，为了说服他们，我在白板上画出个人计算机产业的附加价值曲线（图1–1）。

[①] 宏碁台湾总部为中央厨房，负责生产计算机组件，供应海外各地区的事业单位，这些事业单位在当地组装计算机，再提供完成品给消费者，就像快餐店以中央厨房供应的食材在店内料理，提供新鲜食物给顾客享用。

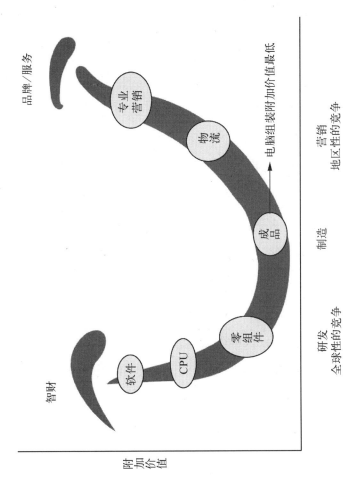

图1-1 1992年因应大环境变动提出微笑曲线

从横轴来看，由左至右代表产业的上中下游，左边是研究发展，中间是制造，右边是品牌营销。纵轴代表附加价值的高低，以市场竞争形态来说，曲线左边的研发面对的是全球竞争，右边的营销面对区域竞争。

我用这条曲线解释，个人计算机产业附加价值较高的部分是在曲线两端的智财（研发）和品牌与服务（营销），希望大家能够明白计算机组装已成为这个行业附加价值最低的部分，我们应该放弃在台湾组装，专精朝更高附加价值的领域发展。没想到后来它会在岛内外广为流传，还被世界各大商学院引述、应用，在大陆，"微笑曲线"甚至比"施振荣"还有名。

由于微笑曲线简明易懂，本来反对的人接受了我的想法，公司顺利推动第一次再造工程，将附加价值较低的计算机组装移往海外，2000年年底，我们再从微笑曲线思考永续发展的策略，启动第二次再造，这是宏碁的世纪变革[①]，彻底

[①] 当时宏碁因自有品牌与代工并存，发生资源与经营冲突的管理问题，自有品牌在欧美也无法建立有效的赢利模式，而在1998年施振荣为交棒铺路的准二造行动里，将集团划分为五个次集团，因资源分配不均使得母公司成长停滞。2000年的世纪变革（内部称为二次再造），品牌与代工分家，变成ABW家族，Acer转型为品牌服务业，营运模式改造为"三一三多"策略，三一是指单一公司、单一品牌、单一全球团队，三多是指多供货商、多产品线、多渠道。

放弃制造，只做两端。

我常说，"Me too is not my style"（跟随不是我的风格），非常建议大家，可以常做反向思考的练习：若朝向另一个方向思考，我可以怎么做？

多数人的想法是由主流价值延伸出的思想，少有从根本创新的自我思想，学习改变你对某件事理所当然的想法。要创造新的价值，就不能只是做个跟随者，必须做真正的自己，走出自己的路，做大家都没有、只有你独有的事。

第4章　变动世界的生存之道

> 越是变动的世界,越要了解自己能够创造出何种价值,未来需要的人才有两种:一种是站在制高点的整合者,另一种是专注在分工领域表现卓越的被整合者。

全球经济剧烈变动,很多人担心会失业,年轻人烦恼自己会平庸过一辈子。你要了解世界就是一个动态环境,本来就是不平衡。因为不平衡,生态才有进化的动力。

我们所处的世界本来就是不断变动的动态竞争,只要有任何不平衡,就会开始重新变化,直到新的平衡出现。动态变化会产生新的不平衡,如果可以创造出新的价值,就会引导生态朝更好的方向发展。

然而,不平衡也有可能是负面的,就像大家追求美国梦,但在移动的过程中产生分配不均,贫富差距越来越大,等到有一天大家对未来感到绝望时,不平衡的能量会迫使大家检讨,思考解决之道。一是有优势的人要照顾弱势的人,另一个则是没有生存条件的人联合起来造反,例如2011年从美国延烧到全球的"占领华尔街"行动，这是弱势为了求取平衡的必然结果，发生的时间只是早晚而已。

越是在变动的世界，越要了解自己能够创造出何种价值，眼前虽有百倍挑战，但也有千倍机会，我们的生存之道就是要创造价值，以及追求利益的平衡，也就是我这两年悟到的"王道"。

从现代企业的角度来看王道，就是要关怀"天下苍生"，包含我们赖以为生的环境。而对企业家来说，就是要照顾所有的利害关系人。以东方的王道思维应用在企业的经营上，可以弥补西方资本主义的霸道产生的缺陷，而且更有可能让企业永续经营，虽然王道精神目前并不是主流文化，但值得大家重视。

我们可以来思考一个有趣的问题，王道是要照顾所有利害关系人的利益平衡，那把竞争者淘汰是不是王道？

任何的竞争都会产生变化，王道的竞争是竞争谁对人类的贡献最多，追求集体社会的公平正义，以及对弱势的合理保护。用创新的模式，创造更大价值，让大家能在新的创新领域活得更好。由于整体生态有共同诱因，很自然会往那里移动，因此，淘汰未能善用社会资源的竞争者是王道的竞争。

☺ 你可能是整合者，也可能是被整合者

既然世界本来就是变动的，个人如何在变动中，创造自己的价值？

如果你是那个站在制高点整合跨领域的领导者，别忘了要保持"平衡"。当你慢慢有能力整合一些利益相关者（不管是社会、自然环境、人脉等有形、无形的资源），除思考自己本身有没有持续创造正面价值外，也要顾及所有参与者的利益平衡。

被整合者则要去思考，人家为何要整合你？与整合者不同的是，被整合者还是要专精自己的领域，为合作的群体创造价值，这样才不会变成害群之马，避免成为团队里最弱的一环。

此外，被整合者要能了解并欣赏其他领域者的能力，因为要懂得如何与别人配合。每个不同领域都有一个黑盒子，每个黑盒子都有一个跟外界链接的接口，就像是操作系统的应用编程接口（application programming interface, API），整合者不一定要像被整合者一样必须懂黑盒子，但要懂链接的接口，也就是一个黑盒子与另一个黑盒子的接口要怎么配

合,才能顺利联结起来。

特别注意的是,被整合者就算懂别人的黑盒子,也不能做,因为一旦做了,你的时间、力量就被切分为二,要专注在自己领域的"黑盒子作业",才有能力去不断创新。

在很多情况下,组织、企业可能同时扮演整合者与被整合者。比如,整合很多复杂零组件的ODM厂,除了要持续往微笑曲线左端的研发发展之外,也要往右端整合,在海外设厂建立全球运筹的能力,同时扮演有价值的被整合者,与有品牌营销能力的对象合作,让左端创造的价值可以体现,而不会因为没有能力做品牌,就无法体现从左端到右端的全部价值。

整合者与被整合者都要会看趋势

不管是整合者或被整合者,都要会看趋势。很多被整合者常消失于竞争洪流,最主要的原因是他们忽略趋势的变化,只埋首在自己的"黑盒子"。一定要想办法跟着趋势变动,维持优势。

整合者由于站在制高点,很容易看到前方的变化,为了让整合更具竞争力,要培养新的被整合者。早期宏碁也是这么做，我们做半导体、零组件，就算当下有最强的日本关键零组件厂商，也必须去想未来的市场变化。

我那时积极在台湾地区创造"被整合者"的产业，协助更多有竞争力的"被整合者"产生。因为整合者的目标是整合全球最佳资源，就算你再强，若中间有个环节失去优势，一样无法维持竞争力。虽然当下已经有最好的日本厂商，但三、五年后，它们的成本会提高，会让供应链里出现弱的一环，若我不培养台湾产业的能力，就算宏碁再强，一样没有全球竞争力。

任何一个人或组织都可能当整合者，或被整合者，不管角色为何，在心态上都要从创造价值出发。最重要的是，扮演哪个角色能真正创造价值。

这个价值要有意义、不可被取代，才有竞争力，而且还要能够持久经营。从这个角度思考与选择自己适合扮演整合者，还是被整合者。如果你是整合者，要考虑被整合者的利益与未来；如果你是被整合者，要设身处地去思考整合者的想法，这也是未来世界生存的王道。

第二部
一条曲线解 25 个企业与人生课题

《易经》讲三个"易"。一是"变易",人生就是不断在变化,所以要居安思危,一生之中就不会有太大的困难;二是"不易",不论外在如何变化,有些原则不能变,否则会乱无章法;三是"易简",亦称为简易,若能明白乾坤之道,变法则简单不费力。

简单的微笑曲线正是面对变化的以简驭繁之道,它亦有三易。"变易"为身处瞬息万变的产业环境,可以分析当下的附加价值所在;"不易"是能够思考如何借重现有竞争力,以创造价值的不变原则,并在未来灵活变化以投入新领域;"简易"是面对竞合关系的共荣之道,个体建立新核心竞争力的同时,提升了产业的整体价值,创造出可持续的竞争优势。

1992年,施振荣正式提出微笑曲线,20年后,他重新诠释验证后的心得。

同样遵循微笑曲线,为何有些人无法微笑?科技、传统产业实行有成,明日之星的服务业、生技医疗、文创、精致农业该如何应用?走出微笑曲线底部,朝两端发展的秘诀是什么?

微笑曲线这个名称很容易被接受,但真正了解精髓的人并不多,施振荣说,在知识经济时代,原本不一定能微笑的产业,大部分也能微笑了。25个关键密码,让你启动创造价值的微笑曲线。

第5章　有价值不够，要有附加价值

> 微笑曲线这个名称很容易被接受，但真正了解其精髓的并不多，以致在应用上很难"微笑"。

从1992年提出微笑曲线至今，我仍不断思考，经过这些年来的验证，也做了一些修改，如今这条曲线的应用范围更广了。

微笑曲线先在高科技产业领域被广泛讨论及应用，从信息电子业、半导体业到软件业，之后被应用在制鞋、自行车、纺织等传统产业。像台湾自行车的A-Team，纺织业专注创新、设计，开发吸湿排汗机能布，都是走出微笑曲线底部的成功实例。

这几年来，我重新思索微笑曲线，将它用来诠释教育业、服务业、农业、文创、生技医疗等我看好的领域。我发现虽然产业形态各异，却能找出共通的道理。除个别企业外，思考国家及产业竞争力时，也可用微笑曲线找出产业的附加价值所在，制定产业的重点发展策略。

不过，我也发现，虽然微笑曲线这个名称很容易被接受,但真正了解精髓的人并不多,以致在应用上很难"微笑"。从这几年的演讲与受访经验,我也注意到外界对微笑曲线有一些误解,这正是无法微笑的盲点,归纳大大小小的问题,有四个重要的观念要先破除(图2-1)。

☺ 关键1:知识经济让大部分产业都能微笑,微笑曲线看的是附加价值

微笑曲线是一条说明产业附加价值的曲线,看的是附加价值,而不是大家习惯使用的总产值。

你可以先思考一个问题:"麦当劳为什么能够打造全球快餐业王国?"若只从总产值来看,乍看之下会以为最大的价值是微笑曲线中间的制造,因为服务业仰赖"人"来提供服务,创造营收;实际上并非如此。麦当劳靠的是品牌营销、服务管理、创新商业模式等两端高附加价值的核心能力,这些才是致胜原因。

特别在知识经济时代,原本不一定能微笑的产业,现在大多能微笑了。曲线左端的智财就是呼应知识经济,右端的品牌与营销,则是让企业价值链能够直接链接目标顾客群,这些才是创造附加价值的关键。

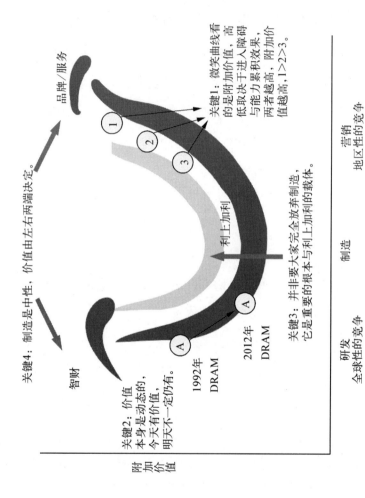

图 2-1 微笑曲线四个应用关键

每个产业都有一条附加价值曲线，随着附加价值高低分布的不同，产生不同的形状，分布高低取决于进入障碍与能力累积效果，当进入障碍越高，累积效果越大，附加价值就越高。

根据此曲线的附加价值分段，不仅可适用于大企业的决策，也能应用在个人开店创业，思考自己所在行业，例如，行业的分工整合趋势如何？附加价值分段情形如何？自己的特点是什么？合适的消费者市场在哪里？进而找出附加价值所在。

当你能够分析当下的附加价值所在，就能进一步思考如何借重现有竞争力，在未来投入新的领域，创造出更高的价值。根据实务经验，个体在建立新核心竞争力的同时，也会连带提升产业的整体价值，因为微笑曲线就是一个产业生态的价值链分工的"现形"，大家各自把事情做好，就能期待在这个结构之下会有合理报酬。

☺ 关键2：价值本身是动态的，今天有价值，明天不一定仍有

分工要做得好，并不容易。微笑曲线根据附加价值的高低，可以分为好多段的生意，每段的生意就是"分工"。

这里要强调，分工的位置是会变化的，会随着附加价值的增减而改变。通常一项技术越趋近成熟，就会产生经济学里的边际效益递减现象，尤其市场越开放，竞争者越多，附加价值递减速度越快，如同IBM开放产业标准，计算机组装业从附加价值高峰跌落谷底（图2-2）。

价值，本身就是动态，今天有价值，明天不一定仍有，只要别人做出比你更好的产品，你就没有价值了，这也是当年很多计算机公司一下子就从市场消失不见的原因。

所以，微笑曲线是会变的，以前成功的模式不一定适用未来，但只要对产业生态分工熟悉，不是皮毛的粗浅了解，就能看出移动的趋势。

移动准则取决于市场供需。计算机问世初期，只有几家大品牌在竞争，随着产业成熟，变成一段又一段的零组件分工，产生数以千计的竞争者，同构型分工竞争的结果，让原本高附加价值减少，或是变得没有价值。DRAM原本有技术，又是资本密集的前景产业，后来因市场供过于求，价格直线滑落，附加价值就不见了。

价值也不是绝对，而是相对。计算机设计制造的初期有很多know-how，宏碁第一次领先IBM推出32位个人计算机时，由于当时线路很复杂、还没有芯片组（chipset），做

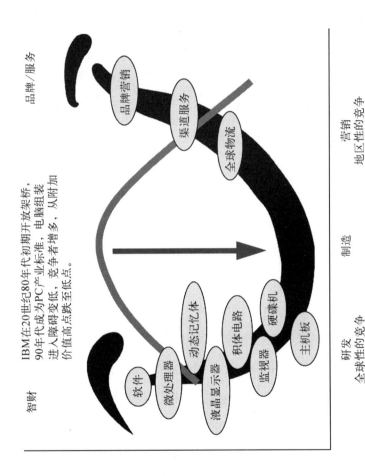

图2-2 IBM开放标准后的20世纪90年代的PC产业链

计算机有很多高附加价值；后来产业成熟，软件、CPU等零组件开始标准化，变成第三者在做，复杂线路也放入了芯片组，高附加价值就从计算机系统移到芯片组；当一样东西有利可图，会吸引前仆后继的竞争者加入，现在芯片组市场附加价值也相对变低。由此可见，产业生态变动后，典范会转移，在微笑曲线上，附加价值不再的区段会被拉下来，往底部移动，这是生态系统（ecosystem）运作的结果。

关键3：我并非要大家放弃制造，相反，它是重要的"根"，也是利上加利的"载体"

我常在公开场合被问到："为了提升产业或企业的价值，是否意味就必须放弃制造，进而往微笑曲线两端发展？"

这是个普遍被误解的问题。我并非要大家放弃制造，相反地，制造在微笑曲线里是重要的"根"，也是利上加利的"载体"，虽然制造本身的附加价值相对较低，但如果是以全球为市场，经济规模很大，不可忽视它创造出来的总价值。

思考台湾地区在特定产业领域是否有机会领先国际，可以发现跟制造文化（持续降低成本）有相当大的关联。很多人会把美国、日本制造全球化与台湾地区制造相提并论，就我看来，出发点完全不同。

当年，美国与日本企业发展制造全球化是基于本国品牌的需求，开始布局海外制造，过程中，美、日企业考虑整体的竞争力，决定弃守制造，将订单委由台湾地区代工。初期，美国还将制造核心的工程与研发技术留在美国本土内，由于缺乏与制造工厂密切整合的速度、成本、弹性等竞争要素，长期下来，导致从研发到商品化的过程相对无竞争力，最后被迫完全放弃制造。

想成功发展制造全球化，除了人工成本之外，产业群聚效应更是关键，虽然人工成本是竞争的重要条件之一，如果没有周围的零组件与设计工程就近供应，也无法产生整体的力量。

反观台湾地区，因为帮全球跨国企业代工，展开全球化制造的旅程。多年来，在制造领域累积的实力，成为全球的代工之王，也是其最大成就之一。

◡ 关键4：制造是中性的，价值由左右两端决定

台湾地区发展制造全球化之所以能够成功，不只是因借重海外的当地人工，更重要的是建立起产业的群聚效应力

量,制造基地遍及中国大陆、中国台湾、东南亚、拉丁美洲、东欧等地区,相对竞争力强。

微笑曲线上的产业价值链,每个环节都环环相扣,才能建立新的核心能力,制造正是价值链里的重要一环。由此可知,台湾地区并不是要放弃制造,甚至必须借重在制造领域的优势,往两端强化。

虽然制造的附加价值相对较低,但我把它视为"中性"的载体,由微笑曲线的左右两端决定它的价值。例如,制造芯片本身没有价值,而是取决于你做什么芯片,为了哪个市场而做?就像一个杯子,材料成本的差异不会太大,但如果是出自艺术大师或是名家设计,身价就会不同凡响。

正如看待杯子的价值,关键不取决于制造的材料,而是设计创造出来的附加价值。对应到台湾制造业不也可以如此思考?既然已经拥有全球最坚强的实力,如果能在这个根基上,结合智财、品牌,便能突破微利的恶性循环,利上加利,创造更多可能、更多机会。

第6章　高附加值就在微笑嘴角的两端

> 所有的知识最后都要面对市场，因此，最终价值就落实在品牌，品牌也可说是在知识经济中应用最广、效益最高的智财权。

二十年前，我在白板上画出这条曲线之后，林宪铭（后担任纬创董事长）看了看说："这条曲线很像一个人脸上的微笑。"于是，我们便把这条曲线命名为微笑曲线，也因为有这么平易近人的名字，使我们能顺利与员工沟通，将没有新知识含量的计算机组装外移出去。

这条曲线使宏碁成功带动了台湾计算机产业，让原本昂贵的计算机变成多元应用的普及品，还让我成功与员工沟通，分析产业价值链的变化。我常说，它除了是分析工具，也是沟通工具，因为要建立新的核心能力之前，需要投入相当的资源与时间，了解价值与定位所在，对内外展开沟通，达成共识，才能顺利建立"含金量"更高的新核心竞争力。

◡ 关键5：越趋近左右两个顶端，新知识的含量越高，应变的弹性越大

你也可以把微笑曲线看成是一条知识经济的附加价值曲线，越趋近左右两个顶端，新知识含量高，含金量也高。底部制造关心的是执行效率，经营知识变化比较少，新知识含量相对较低。

不过，新知识需要累积，否则不但无法持续提高价值，还会有贬值的危机，所以要不断去创新，提高新知识的含量，价值才会重新体现。右端的经济效益最大，以市场为导向，包括营销管理、商业模式、渠道管理，通过不断创新的商业模式，提高新知识含量。

左端的研发知识因为不断有创新的技术及设计，知识含量可不断累积，加上发展专利是固定成本，卖得越多，成本越低，附加价值很高。如ARM公司专注研发ARM架构聚焦左端的智财，它的商业模式是贩卖领先全球技术的硅智财（IP core），授权各大科技业者设计制造ARM核心处理器、芯片组（图2-3）。

企业若要永续经营，本就该居安思危。全球经济连动，

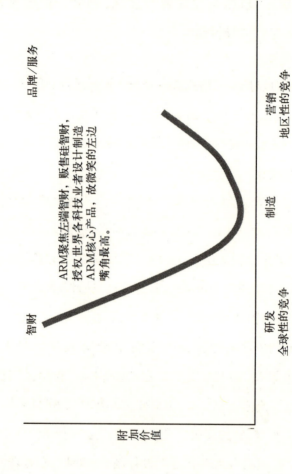

图 2-3 ARM 的微笑曲线

成为一体,你无法避免像美国次级房贷、欧债危机这种重创全球景气的大浪打来,但你可以在平常大好时,在不影响原本运作之下,思考与挪出部分资源,展开转型的准备与暖身,往微笑曲线的两边走,也能增加应变的弹性。

一旦碰到不景气,市场需求锐减,纯制造的企业接不到订单,只能让工厂人力、机器闲置,开始放无薪假,应变弹性相对较小。反观若早往两端移动的企业,不论是以左端专利为主,或是偏向右端品牌,两边皆有调整的弹性。

市场大好时,研发被市场追着跑,忙着应付短期目标;不景气时,转而发展未来三至五年的长期策略。若是品牌营销,市场缩小,广告变少,不再忙不过来,刚好可以为人力做长远的教育培训。企业要有竞争力,本来就是要投资那么多的人力去累积未来所需。

☺ 关键6:做品牌就是把微笑曲线端到端做最有效的整合,然后再提供给消费者

如何做品牌?坦白说,那不是件容易的事。以宏碁为例,和纬创分割后,从制造业转型为服务业,专注发展微笑曲线右端,成为品牌企业,我花了许多心血在其中,因为要

从旧有制造思维转型为营销思维。制造思维思考的是成本、技术，营销思维思考的是价值、市场整合，由于整个企业文化与价值观都是我带出来的，解铃还需系铃人，我带头发动改变，挑战非常大。

做品牌，就要把微笑曲线做最有效的端到端整合，然后再提供给消费者，当中有很多工作都可考虑外包，整体来说，尽量把左边简单化，通过标准服务让右端的消费者容易取得服务与产品。

另外，品牌经营者既然是最后的整合者，当供货商出问题，责任还是在你，这么一来，全球都是你的市场，合作伙伴、人才也来自全球。

苹果公司（Apple）就是端到端整合的实例，制造外包给台湾，自己只做左端的专利，以及右端的品牌、服务（图2-4）。iPhone、iPad的价值不只来自那台硬件，还包括背后的应用软件，将有形与无形的价值整合在一起。

过去30年，都是华人崇拜西方品牌，中国迅速壮大后，不仅成为世界工厂，更是世界市场。我认为未来30年会由华人引领风骚，华人品牌会在世界各地随处可见。品牌能力建立需要花两代的时间。一代若是30年，我们已做了一代，Acer、Asus、Giant、HTC都已是国际知名品牌，我们这一代证

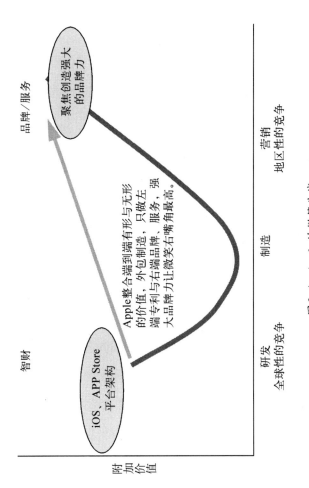

图 2-4 Apple 的微笑曲线

明这条路是可行的。

☻ 关键7：所有知识最后都要面对市场，微笑曲线最终价值落实在品牌，反之，没有品牌的知识其价值相对受限

所有的知识最后都要面对市场，从微笑曲线来看，最终的价值也是落实在品牌。品牌可说是在知识经济中，应用最广、效益最高的智财权，这也是为何一家公司的品牌价值往往是公司净值的好几倍，这就是品牌创造出来的价值。

品牌是价值链上经营知识的整合者，就算是拥有左端的专利，还是要能连接右端的客户市场，微笑曲线上任何一个行为活动，从头到尾，每个段落都是为了提供价值给客户。这也是做生意的思考，以客户为中心作为思维的龙头，关心消费者的荷包、时间效益、满意度、是否容易使用等要素。

所以，知识经济就是品牌经济，知识通过品牌在市场上创造价值，以品牌来整合整个价值链，各种创新与知识的累积就体现在品牌。

反过来说，没有品牌的知识其价值相对受限。举例而言，有品牌知名度的人写一本书，大家会去买；没有品牌知

名度的人，就算写了一本世界最好的书，可能需要一段时间，等到塑造出品牌知名度时，书才能大卖。现在的电子书，不再需要微笑曲线底部制造的纸本印刷、库存成本，书的价值完全取决于智财，也就是谁写的、谁出版的，直接通过左端连接到右端的品牌。

因此，品牌是新蓝海，我们要积极建立多元化、国际性的品牌，有了品牌，创造的知识相对就有更高的价值，带领产业走出微笑曲线的底部。

第7章　微笑竞争力的八字箴言

> 产业走向"垂直分工、水平整合",这短短八个字,说来容易,却是我四十年来观察、思考、实证而归结的心得。

早期的产业竞争是以什么都要做的垂直整合模式运作。宏碁在1976年创立时，就只做贸易、并替客户研发设计产品。1981年宏碁为了生产微型计算机在竹科设厂，才有微笑曲线中间的制造，同时推出自有品牌产品"小教授一号"，不过当时由于资金有限、产能不足，大部分还是外包制造；后来又因全球分工的趋势，宏碁还是放弃了中间的制造，专心做品牌，现在回头看，真是有趣的巧合。

事实上，只要能全盘了解所处产业的分工整合趋势，就能从微笑曲线上找出自己的价值所在与最佳定位。

我曾经在2000年时提出全球产业的六大趋势，其中，我观察到市场会越来越大，越来越自由，变成无国界的市场，而产业会朝分工整合的方向发展，由产品导向变成顾客导向。检视当年自己提出的趋势，果然成真。全球分工整合让世界变扁平了，知识经济产生更多有能力的竞争者，垂直整合变得不符合经济效益,产业也从早期什么都要自己做,走向"垂直分工、水平整合"趋势。

简言之,产业从新兴到成熟,大部分会从一开始的垂直整合,最后发展为"垂直分工、水平整合"的态势。这短短八个字是我40年来看着产业变化得出的结论。

以个人计算机产业为例,早期是将产业供应链整合在自己的工厂,从头做到尾,而后基于效率,供应链各个环节开始切割,发展为能够专注、简化的垂直分工,这样不但能有效率地降低成本,各个分工也能专心在自己的领域创新。至此,新的战争就演变成分工与分工的竞争,同性质分工为了具备全球竞争力,必须追求经济规模,进行水平整合,不仅在一个国家内,而是进行全球的水平整合,最终寡断市场。

☺ 关键8:产业发展定律会依循"垂直分工、水平整合"的趋势

说实话,纵使知道全球分工的趋势,我曾被混淆,水平应该是要分工,还是要整合?垂直何时会从整合走向专业分工?也曾经因忽略外部情势变化,错估产业动态。

我退休之前,宏碁经过两次再造。一造面临公司成长瓶

颈，因为康柏计算机一下子降价30%，大环境从高利润变成低利润的冲击，造成公司财务情况吃紧，还卖掉了龙潭百年大镇的土地，换取十多亿元现金（新台币）进行再造。

二造的起因是全球有很多整合与并购的行动，大型企业纷纷外包，造成专业代工厂商的崛起，我们却忽略这样的情势，没有立即将自有品牌与专业代工切割，反而随着潮流投入网络，结果受到网络泡沫化的波及。

当我想清楚产业发展定律会依着垂直分工、水平整合的趋势进行后，秉持这个认知拟定变革策略，再根据微笑曲线来看哪里有价值，然后出考题给自己，选择较高附加价值、有挑战性（进入障碍高）、能够获得大家赞赏（市场思维）的题目，进行组织改造。

为了符合这八个字的大趋势，买公司、卖公司、切割、整并集团资源，不断整顿，当时转型过程里，我检查集团在全球的资材库存，认亏新台币41亿元，让财务报表反映真实状况，也让接班经营者有一个全新的开始，可说是台湾企业界破天荒的创举。由此可见，如果没弄清楚外在环境的走向，当生态变了，还用旧方法，当然会挨打，就会像我以前一样，缴了不少学费。

生态演化有它的道理。产业发展基于效率会不断分工，各个分工环节在各自领域聚焦做好，求深求精，产生新价值,此时,产业的客观环境会是开放的系统,竞争较激烈,每个分工都能够独立运作,扮演价值链里的关键角色。

不过,一旦有价值,就会吸引新竞争者加入,因为有利可图。当同一种分工变成很多人在做,此时就要进行水平整合,尤其是面对全球竞争的领域,最好能进入世界前三名,换言之,当你跟别人做同样的东西,就要靠规模胜出。

关键9:价值链上的任一环节都是全球竞争,要有所为,更要"有所不为"

在垂直分工、水平整合这样的大环境之下,企业不可能什么都做,必须将有限资源聚焦于最有竞争力的领域,较弱的环节则进行策略性外包,才不会暴露缺点,因小失大。

如何评断哪个是最有竞争力的领域?在选择要跨入某个领域时,必须先考虑你在该领域的价值链上扮演的角色与地位。从微笑曲线来分析,现在的分工位置在哪?附加价值是高或低?依照现有条件评估未来是否可有作为?若要再往高附加价值的分工移动,还需要具备哪些核心能力?

如果发现在曲线某一点已经站稳脚步,就继续往上方发展,只要还没走到顶端,就不能停,这是对企业最有利的发展方式。不久的将来，价值链的任一环节，即便是最细小的分工，都会面临世界是平的竞争，只有第一名有比较大的获利空间，挤进前三名才有生存利基，因此，企业要有所为，更要"有所不为"。

有所为，是在发展过程逐渐建立起国际化的竞争能力；有所不为，则是为了避免浪费资源，专注在有胜算的领域，在发展期间，如果没有把握，则要思考转型，甚至放弃。

无法聚焦的结果会失去竞争力，也会丧失国际化的信心。当世界趋势变成分工，不配合趋势、还用原来的方法做，你就输掉了。所以要在不断演化的动态竞争中，找到有价值的分工，然后聚焦它，就像ARM不做设计制造，只做智财授权的高附加价值分工，让每家公司都能使用ARM技术。

舍去总是比较困难。大部分的人其实最难做到"有所不为"，一定要想办法突破这个瓶颈，因为它是长远发展要能够"有所为"不可或缺的关键。

关键10：找出有价值的分工

要找到有价值的分工，可以思考两个问题。第一个是"Where is the beef？"（哪里有牛肉），企业为了寻求生存空间，要在产业垂直分工的价值链上，找到自己独特的定位与附加价值所在。第二个要问的是"Go big or go home？"（做大，否则就打包回家），这就是水平整合的思维，企业必须追求够大，才具竞争力，否则只能放弃（图2-5）。

华人传统文化本来就有"宁为鸡首、不为牛后"的观念，也带动了台湾旺盛的创业精神，这是全球产业分工越来越细的趋势之下，我们还是出现不少规模不大、在分工领域却是龙头的新创事业，也因为如此，台湾的高科技产业取得全球领先地位，形成产业集群，具备世界级的竞争力。

另外，在垂直分工、水平整合之后，会出现"虚拟"的垂直整合者。

站在市场与消费者的角度来思考，垂直分工本来就对消费者最有利，因为竞争激烈，创新比较快，可以有效降低成本，满足消费者需求。但消费者不可能自己去整合所有的分工，他们只希望跟一个人买到所有的东西，这时市场就会有虚拟垂直整合的需求。虚拟（virtual）是有实无名，东西实际上不是自己做，而是串联垂直分工的环节，整合各环节最强、最具竞争力的部分，提供产品、服务给消费者。

许多品牌业者扮演的就是"虚拟垂直整合"的角色。品牌业者是整个分工的一环，它整合各个环节的合作伙伴，为

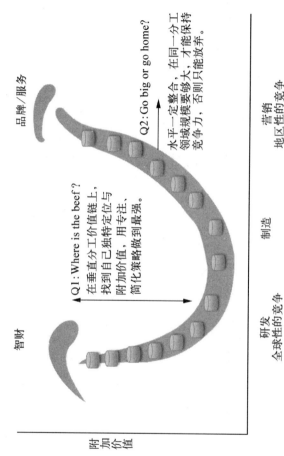

图 2-5 全球垂直分工、水平整合大趋势

消费者找来各个环节中最强、最好的分工,同时找到商业模式,负起对消费者的责任。

既然垂直分工、水平整合是大趋势,很多人会问我:"为何鸿海偏向垂直整合的模式仍然有效?"鸿海是先具备精密模具的核心能力,在那个领域,其技术领先全球,又比竞争者更早借重大陆的人力资源,以经济规模、弹性、速度、质量等优势争取到许多国际大厂订单,国际大厂也借重鸿海在精密模具的核心技术能力提升自家产品的竞争力。

鸿海拥有全球3C产业创新所需的核心能力,在产业价值链上,就是一个强而有力的"独特分工",再垂直整合竞争障碍低的电子零组件与组装,提供客户装配服务,充分发挥该分工与经济规模的优势,才有今日的竞争力。

在越来越激烈的市场竞争中,当原先的分工没有了边际效用,为了强化总价值,必须利用现有基础另起炉灶,跨入另一个分工。新的分工是原分工的再整合,还是独立成为一个分工,完全视生态的结果而定,生态运作取决于何者较有效率。

在成熟产业里,生态为求有效率的运作,自然会走向垂直分工,但各分工之间的整合必须容易,否则无法整体销售到市场。如果变成另一个分工后,两者不容易整合,而且整合成原分工的一环较有效率，可以进行垂直整合；如果独立分工后的市场很大，最好能够把它当成新的分工经营，才能创造最大的总价值，这也是垂直整合与垂直分工的思考关键。

虽然产业或个别企业的发展可能会出现不同的情况，还是能通过微笑曲线分析背后的历程思维，在产业垂直分工、水平整合的大趋势之下，成为赢家，创造自己的微笑竞争力。

第8章 新"木桶原理"——再强,强不过最弱的一环

在产业价值链上,拥有最强的部分可以达到A级境界,但整合到的最弱部分如果只能做到C级水平,那么,整体表现就只能达到C级。

在微笑曲线上，不论是分工者或是整合者，都要有个重要的新思维，那就是"再强，强不过最弱的一环"，这是什么意思？

全球已经是价值链与价值链的竞争，因此，在整个垂直分工的各个环节中，最强的部分可以达到A级境界，但整合到的最弱部分只能做到C级水平，那么，整体表现就只能达到C级。也就是，整合者只要整合到弱的一环，整体就变弱，分工者则要时时专注，致力成为该分工领域的领导者，才不会变成价值链中弱的一环，拖累整体价值链的表现。

组织或企业在发展的过程中，又该如何评估是要成为分工者，扮演价值链的一环，还是变成整合者，整合供应链各环节？

关键11：分工者要能上下逢源，整合者要能整合到全球最佳资源

这完全取决于何者较具竞争力。如果扮演分工者比较有利，谨记专注、简化、前瞻的策略，做到与上游、下游厂商"上下逢源"，如果做整合者能发挥最大价值，就要整合到全球最佳资源。

每一个分工环节的强弱可以从它的经济规模、与上下游厂商互通的弹性，以及在此领域的技术是否不断领先全球来评断这个"分工"是否具备竞争力。通常，我会以五个标准逐一检视，这个方法可用于思考整合策略，也适用于分工者评估自身的竞争力。

第一，研发创新要领先。每一个垂直分工的环节都必须具有竞争力，否则整合起来就会有弱点，若技术不是全球数一数二，已经不符合"再强，强不过最弱的一环"的前提条件。

第二，经济规模要够大。量越大，成本越低，才有竞争力，如同鸿海。

第三，要有足够的资源持续投入研发创新，否则无法保持领先优势，容易被后来者迎头赶上，甚或超越。

第四，要能做到上下逢源。此分工是否能具备与上下游厂商交流、互通的弹性，越能上下逢源，越具备快速反应能力，产生创新能量。

早期的苹果公司也是因为无法"上下逢源"，没有市场竞争力。当时它采用技术最新、功能最强的特殊规格零组件，由于与其他的标准化零组件不兼容，价格相对贵，反而变成价值链上最弱的一环。我曾向苹果公司建议，计算机市场变化太快，它的强处是可自动更新的 iOS 与用户接口，应该借重个人计算机标准化零组件来降低成本，同时增加快速应变市场需求的弹性。

卷土重来的苹果公司后来选择与亚洲厂商合作，整合全球最好、最新的标准化零组件，发挥它擅长的美学设计、品牌营销，甚至后来与微软达成合作的共识，在苹果公司的个人计算机上也可使用微软的窗口操作系统与应用软件，为全球广大的苹果迷创造更多价值，今非昔比。

☺ 关键 12：没有全球能量一起创新，那一环就变弱了，注定失败

第五，大环境要有竞争压力，分工才会持续进步。这里

指的是此分工所处的竞争环境,持续进步的原动力若是在保护主义的独门生意或是寡占市场中,绝对比不上开放的自由竞争市场。

日本企业就是一个实例。日本最吃亏的地方在于手机、计算机等3C产品都要完全自己做,这导致很多日本企业全军覆没。

由于文化与民族性的关系,日本企业偏爱整合集团关系企业或国内的关键零组件分工,但这不一定是全球最具竞争力的产品,结果整合到较弱的一环,整体竞争力也就变弱了,这也是日本企业近年来较没有全球竞争力的原因。

再来,量也达不到经济规模。有些原本领先国际的"分工"技术,因为害怕竞争者拥有同样的利器,不卖给外头(国外市场),导致产量达不到经济规模,成本没有竞争力,也没有足够资源再投入创新,只要出现一个能够"上下逢源"的创新者,就能取代日本。

特别是在世界日趋扁平的趋势下,这样的情况会更为明显,一些天然的、对本土企业形成保护的屏障都将消失,企业要面对全球化的竞争。当年,一家日本大型企业把旗下IC设计部门独立出来,不过只供货给母公司及其他子公司,结果该部门因为保护主义而失去竞争力,没有全球能量一起创新,那一环就变弱了,最终注定失败。

☺ 关键13：你不能只靠擅长的领域来赚钱，还要不断往附加价值高的上方发展

任何一个企业多多少少同时扮演整合者与分工者的角色。我最常举台湾ODM业者为例，它们整合很多的关键技术零组件，最后制造出创新的产品，同时也被国际大品牌所整合。

但是，微笑曲线的精神就是，企业要不断往附加价值高的两端来持续发展。比起欧美，台湾地区相对欠缺国际品牌，从附加价值最高的品牌来看，多半扮演"被整合者"的角色，如果有品牌，就能扮演整合者的角色。

并不是每个人一定要做品牌，或是，只做代工就是不好。做品牌不一定比代工赚钱，不赚钱的品牌不做反而好，只是，大家要进一步思考的是，代工能否永远做下去？

如果能够不断创造新的核心能力，让代工能永续经营下去，没有威胁，代工就是一门好生意。但是，你不能一直靠着擅长的领域来赚钱，有一天竞争者也会建立起相同的能力，利润也会因为竞争者的出现开始减少，甚至被竞争者超越，届时，原本的优势尽失。因此，站在整个产业发展的立场，经营品牌是未雨绸缪，当代工受到威胁时，因为整个产业同时

具有品牌经营的新核心能力，就可以保护代工，不被淘汰。

做品牌，就是扮演整条价值链的整合者，其涉及的知识范围比制造所需的知识更广。除了必须充分了解整个产业的价值链，知道哪里有最好的资源，还要具备整合的知识与能力。不单是因为产品、服务本身需要有智财权的价值，在经营品牌的渠道管理、营销、商业模式也需要拥有很多知识，才能顺利把品牌落实到每个市场，因此做品牌的知识价值高，附加价值也高，但只要一个环节出问题，品牌就会出问题，随时要注意"再强，强不过最弱的一环"的生存法则。

其实，不是只有直接面对消费者（B2C）的公司需要品牌，做代工制造服务（B2B）的公司也要有品牌，这就像每个人一出生就有自己的名字，只是诉求对象有所差异。

很重要的是，建立品牌需要长时间的累积，企业在成立的第一天，就要用"零存整取"的策略来做品牌，如同存零钱，每天存一点，长期下来，累积出一笔财富。

关键14：经营品牌是整合每个环节，前段是创造价值，后段是实现价值

经营品牌是整合端到端，每一个环节都要做好。我把它

分成两段来看，前段是投入创新研发、制造质量的"创造价值"，后段是品牌、营销、渠道、运筹、服务等"实现价值"的分工（图2-6）。

台湾地区并不是完全没有经营品牌的能力。台湾具备"创造价值"的前段能力，例如成本、速度、弹性，也拥有世界级的制造能力，制造更是很多台商的看家本领，基本上已经算是A级水平。比方说境外品牌要有50%毛利才有净利润，但台湾厂商如能建立经营品牌的能力，因为相对成本较低，只要毛利30%就能获利。不过，品牌营销的毛利虽高，如果经营能力不足，最后仍会亏本，"再强，强不过最弱的一环"，这也是很多品牌经营不赚钱的主要原因。

当你在后段的能力是C级，到海外去跟A级的竞争对手打，当然打不赢，如果我们能挪出一些资源，慢慢把C提升到B，再到A，甚至到A+，加上原有的制造能力与产业群聚效应，台湾地区仍然有机会在此基础上发挥，成为做品牌的整合者。

每次演讲，都会有人问我品牌该不该做？要怎么做？台湾未来潜力产业在哪里？我的答案从来不变，就是要做品牌，这是基于永续竞争力的思考。

而且，我认为台湾的下一个兆元产业，不一定要在某个特定的新产业，而是在现有的基础上，所有的产业借由"品

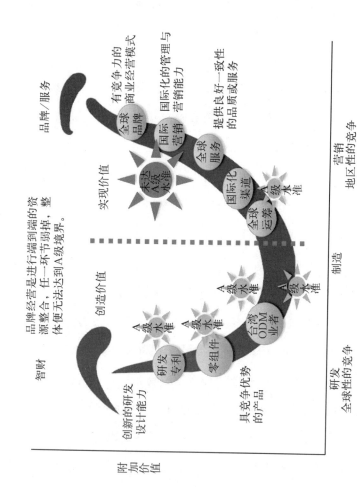

图 2-6 再强,强不过最弱的一环

牌"提高附加价值,创造出的总价值一定超过兆元规模,这样也不会对原有产业造成排挤效应。

品牌是知识经济的新兆元产业,品牌经营是企业必须建立的新核心能力,如果对未来没有预作投资,长期发展肯定会遇到瓶颈。或许,大家更想知道培养这个新核心能力,需要多少时间?

大家要有心理准备,建立一个成功的全球品牌没有速成法,因为客观条件仍不足,在台湾地区至少需要二三十年时间,在美国则可以少于十年。Acer经营品牌已有三十多年,我个人从事品牌营销也近40年,而在有限的资源与时间之下,方法很重要。

☺ 关键15:每个品牌都是由小做起,品牌经营是追求相对大的目标市场

我的方法就是在时间充裕时,及早做,从小做起,品牌经营是追求相对大的目标市场,并整合端到端的所有资源,创造具有竞争力的商业模式。

如果你发现在A市场已有大的竞争者,就选择其他你有能力进行端到端整合的潜力市场,例如在B市场做到比竞争

者大，即使在全球市场所占比例规模不大，只要在那个目标市场是相对大即可。

有人认为，小公司没有资源打品牌。这是错误的观念，全世界有哪家品牌公司不是由小做起？Google、Acer也都是由很小的公司开始经营品牌，刚开始的时候资源也都不多，重要的是如何有效经营。

小公司拥有的资源虽然不如大企业，还是可以有限资源集中在特定的市场区隔来打品牌，找到可获利的经营模式之后，再逐步扩大规模，以时间换取品牌知名度，仍有机会成功。

品牌经营没有大小公司之分，重要的是能否找到对的市场，建立能够获利的商业模式。

商业模式是可以随着时间改变的，商业模式不对，经营品牌根本赚不了钱。自创品牌要在最短时间内就建立赢利模式，甚至可以说是第一天就要开始赚钱，有利润才能支持品牌发展，否则品牌的生命会是短期的。

另外，正确的品牌心态很重要。尤其是原本只做B2B的企业，过去不用接近最终客户，只面对中间的代理商或最终产品制造商，回过头做自有品牌时，比较不容易掌握最终顾客的实际需求，常出现做品牌就是要定高价的误解，结果出师不利。企业必须了解并非让客户出高价买产品才叫品牌,相反地,品牌要创造的是合理价格,让顾客因为你的品牌形象好、价位合理而持续购买。

品牌到底该不该做?再过三十年,我的回答依然也会是:"做,就对了,而且从小做起。"

第9章　别做浪费青春的事

> 产业发展不该只追求自制率,要改以附加价值去思考,否则很容易落到整合的最弱一环,失去竞争力。

半导体业有个著名的摩尔定律（Moore's law），意思是指IC上可容纳的晶体管数目，每隔18个月便会增加一倍，性能也提升一倍；换算为成本，生产同样规格的IC，成本可降低一倍。2011年，处理器龙头大厂英特尔再度预言，摩尔定律不死。

摩尔定律的确让硅晶圆可以搭载更多功能，追求高效能、低功耗、更持久的电池蓄电力，技术不断升级，产品持续进步。可是，我却在1992年体验到经营者越来越辛苦这件事。

宏碁本来做得好好的，忽然之间变成亏损，我顺着摩尔定律的逻辑实在想不通，我们跟着趋势，追求创新技术，让成本降低，理当利润不会变少才是，为何会变成低利润，甚至是微利？后来，我才想通这个时代要看附加价值的变化。

关键16：主动空洞化没有竞争力、低附加价值产业

有个观念可以先厘清，产品自制的附加价值比较高，还是外包的附加价值比较高？

大部分人会直觉自制的附加价值比较高，因为利润掌握在自己手上，不用给别人赚其中的利差，这样的想法不能说是错的，但为什么自制率高的制造产业还是会面临空洞化的危机？

那是因为这些产业的自制率虽然很高，附加价值却很低，等于没有创造应有的价值，反而浪费有限资源。用自制率思维来发展产业，很容易整合到最弱的一环，失去竞争力。过去，大家都是以自制率来思考，官方在评估产业升级的标准里也强调自制率。

与其追求产品自制率，倒不如看附加价值率，附加价值是人所创造出来的价值。简单来说，买进与卖出两者间的差距就是附加价值，若买进九十元，以一百元卖出，附加价值为十元。

严格说来，附加价值高的才要自制，利润高的关键性零组件也要想办法自制，但如果是大家都有，附加价值低的产

品,外包反而能够提高整体价值链的附加价值。日本就是什么都要自制,如果它仅做智财授权的生意,附加价值仍然很高,可是,一旦坚持日本制造,因为这段附加价值低,甚至是亏损的,就会拉低整体价值链的获利能力。

对于没有竞争力、低附加价值的产业,要主动空洞化,趁早转型,将有限资源投入有希望的明日产业。日本就是担心制造外移会造成产业空洞化而裹足不前,最终在制造的全球布局中丧失利基。

关键17:无利可图,就别浪费青春,将资源转到有市场价值的领域

很多的直觉思维会产生思考的盲点。从就业的角度,可以理解大家不喜欢空洞化的直觉思维,因为要保有岛内的工作机会,就业率才不会大幅下降,但这只是表象。

事实的"真相"可能是毛利低到不能再低,已经是赔钱生意,根本没有附加价值,却为了现阶段的就业率,官方不断纾困,留下早该倒闭的企业,或让有空洞化危机的产业喘息活着,其实都只是在做浪费青春的事。明知家传事业已经无利可图,是夕阳产业,硬留着孩子接手经营,做得半死,浪

费他们的大好青春。

这就是人性，假装看不见后头更大的困难，只想度过眼前景象。

当初，媒体问我，"台湾的DRAM产业该怎么办？"我给了两个选择。

第一个选择是，不要浪费青春，将资源转到有市场价值的领域。台湾地区的DRAM产业已无法再为社会创造合理的附加价值，但它耗用的资金及人才相当庞大，社会资源有限，这实在不符合王道。王道，有两个核心内涵，一是要能为社会创造价值，二是要兼顾所有利益相关者的平衡。放弃也是一种解脱，将资产转让，换回资源，还给股东或是进行转型，不要再让机器设备闲置、人才浪费青春，这是一件功德无量的事。

第二个选择是联美日抗韩，对抗三星的一枝独秀。当日本东京的DRAM大厂尔必达（ELPIDA）宣布申请破产保护时，多数人说对台湾地区的DRAM产业无疑是雪上加霜，我却不这么看，反而认为是一个摆脱困境、迎头赶上的转机。

台湾可以善用尔必达的"剩余价值"，即其技术与人才，结合台湾在半导体产业与资通讯系统的优势，让这些资源重新发挥效益。以篮球竞赛来形容，过去的打法是日本主攻、中国台湾助攻，导致双方全球竞争力都不足，现在应由中国台湾主攻、日本助攻，重新组合后再出发，未来仍有领先的潜力，而且任由韩国独霸，全球产业生态的长远发展会不健全。

面板产业也是，汲取DRAM产业的教训，在产业仍有利的关键时点，参与者与利益相关者都应该放下面子，合作开创新局，重新建构一个全新又能赢的合作架构。在全球竞争激烈的市场，没有面子问题，只有能不能赢的问题。

关键18：用价值创造的思维，借重现在的条件，延展出新的附加价值

我印证了20年，可以肯定地说，看未来的发展要从附加价值去思考。提高附加价值有两个方法。

过去，提高附加价值的方法是用原来的成本，追求更大的量。很明显地，第一个方法是降低成本（cost down）的思维，在世界各地也都有成功经验可探讨。这点很多台商都做得很好，主要是通过ODM掌握全球市场，将制造外移到中国大陆、东南亚等市场扩大产量，以经济规模，以及速度、弹性的营运模式强化竞争力。但现在光靠降低成本的策略，已

经不足以维持永续竞争力。

第二个提高附加价值的方法是借重现在的条件，延展出新的附加价值，它是价值创造（value up）的思维，也是产业文化所需的新思维。

当产业无利可图时，要主动空洞化，及早将有限资源转型做高附加价值的新领域。如果已经做到全球最大产业规模，虽然是微利，我的建议是利上加利，借重现在的条件，创造出新的价值，这种策略很适合用于传统产业（图2-7）。

原因是传统产业相对市场较大，举凡日常生活的必需品都能涵括。再加上这个产业利润低，对欧美先进企业没有诱因，因他们的市场规模大、机会多，不必将创新能量放在传统产业。但是对我们来说，却是个好机会，传统产业如能在原有（降低成本为主）的竞争力之外，辅以"价值创造"，双管齐下，从研发科技提升功能，并由设计营销创造品牌，在国际市场的胜算一点也不输给高科技。

成本不是绝对优势，只能是相对优势。传统产业过去打品牌的少，现在应该好好去思考，哪些可以借力使力，作为创新的来源？

传统产业最大的创新来源是科技创新。台湾地区不缺创新能量，国际日内瓦发明奖很多得奖者是台湾人。Giant

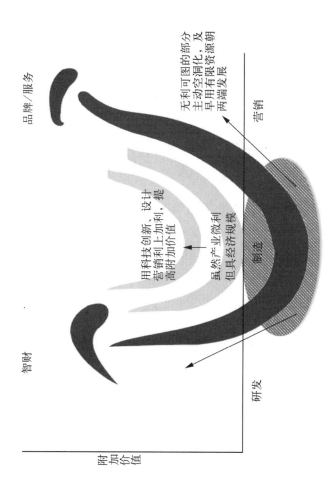

图2-7 主动空洞化与利上加利的微笑策略

也是把高科技用的碳纤维技术运用到自行车架,再以品牌、设计打造国际品牌。我看到一些纺织厂商的创新能力也不差,与国际时尚舞台联合,最新的设计、布料都能研发出来,这就是价值创造的思维。

☺ 关键19:薄利多销因为量大,周转快,投资报酬率不一定低

我在十年前就说过,个人计算机产业已经是传统产业,因为发展已相当成熟。成熟产业的特色是,企业有能力深入了解消费者,并持续创新,而每项创新性产品,不到三年就会变为成熟产品,如小笔记本电脑、平板计算机。尽管瞄准新市场,但是从原有市场延伸成熟技术,针对某种应用、某种业务、某个消费族群所分割出来的,并非突破性的创新,其生命周期不会太久。

当然,个人计算机产业未来仅能维持低成长或不成长,我同意不值得重复投入太多的投资,不过,台湾一定要好好借重原本基础,将此优势延伸到其他产业,进行创新加值。也就是说,在现有的硬件载体利基结合软件服务,延展出新的附加价值,这好比开着一艘航空母舰,在上头再装载各式

各样的武器，等于是利上加利。

我看过不少唱衰个人计算机产业的言论，说它是夕阳产业，我倒不这么认为，有时不能小看薄利多销的投资报酬率。

小的时候，我母亲的杂货店里有卖鸭蛋，比起文具等物品，它很容易坏掉，坏了就不能卖，要自行吸收成本。为了新鲜，母亲两、三天就要叫一次货，我一开始不解，为何不卖文具用品就好？久久才叫一次货，利润率又是鸭蛋的好几倍，后来我才懂文具虽然毛利比较高，但文具产品使用期较长，且需求量不大，反而是鸭蛋薄利多销，周转率快，能赚较多的钱。

成熟的个人计算机产业也是如此，尤其是台湾的个人计算机产业本身仍具有一定规模，虽然利润低，但因为量大，周转快，投资报酬率算起来不一定低。况且个人计算机产业对人类的贡献很大，多数人因有计算机可用，缩短知识传递的差距，还带动众多大大小小的零组件产业蓬勃发展，塑料、铁壳从小公司变成大厂，有些的投资报酬与经营绩效甚至不输个人计算机产业。更何况个人计算机产业间接带动了晶圆代工、IC设计、面板等产业，以及它们的一连串零组件供应链整体发展，效益极大。

我们曾整理2005年至2009年的"电子五哥"与"传产五哥"[①]重要财务数据综合比较表。从合并营收来看,"电子五哥"的营收规模成长了94%,合并营收达4.66兆元(新台币),"传产五哥"的营收规模成长8%,合并营收为1.01兆元(新台币),"电子五哥"年营运规模为"传产五哥"的4.6倍,所创造的就业机会与产业的附加价值亦远胜于"传产五哥"。在净值报酬率(ROE)方面,"电子五哥"达14.5%—19.9%,"传产五哥"落在10.2%—16.2%,"电子五哥"除了2005年略低于"传产五哥"外,其较"传产五哥"高出约4%。

☺ 关键20:台湾要从制造科技岛变成服务加值岛,用价值创造的思维,创造无上限的成长

1989年,我提出台湾成为科技岛的愿景,经过大家的共同努力,20世纪90年代末期,台湾已经是科技岛。2006年,我再提台湾成为"加值岛"的想法,因为领先的科技是加值的基础。

进步的过程是山路。当路不是直的,你的方向盘就要抓

[①] 台湾"电子五哥":宏碁、华硕、仁宝、鸿海、广达;"传产五哥":台泥、中钢、中华电信、统一、台塑。

得稳。台湾主动空洞化后，要创造自己的新定位，成为中国市场的创新龙头。

即便大陆进步神速，早就不只聚焦在制造，沿海大城市工资因上涨太多，也主动空洞化，制造业不是往内陆走，就是外移。大陆经济体大、市场也大，就客观条件来说，经济发展潜力可以像美国那样，所以，台湾要把握大陆市场，成为"样板"，就像美国加州以创新能量成为全美最富裕的地方，全世界的创新如IC、网络、电动车、生技等产业都是从硅谷开始。台湾可以成为中国经济体的创新方向盘，稳稳地在崎岖的山路中前进，新竹以北可以成为中国经济区的硅谷，台北变成华人的纳斯达克股市，相辅相成。

或许，有人会问我，为什么我们可以？也有很多人说，台湾错过大陆崛起的最黄金时期，因此悲观地认为只能成为配角。

我不这么看，正如微笑曲线的精髓，价值是动态运作的，如果还是成本思维，成长当然会有极限，但若是朝两端的价值创造思维转变，成长将无上限，大陆制造早晚也要面临像台湾这样要转型为价值创造的需求，走在前端的我们绝对能扮演引领的火车头角色。

第10章　品牌是下一个兆元产业

> 品牌是全球最大的服务业，要打全球品牌须有产销分工的思维，从制造思维转换为营销思维。

我看经济发展重要指标，会注意GDP中民间投资与外销的两大主力。多年前我观察到台湾的长期发展并不乐观，过去因为高科技产业持续成长，这个问题并未浮现，近年来，高科技产业成长趋缓，大家才开始正视这个问题。

当时，我提出服务业是下波成长动力，资源分配应重新规划。对于没有竞争力的产业，就应该将资源释放出来，转而投入台湾有竞争力的领域。

其实，创新早就受到各产业的重视，不论是企业或是官方，都愿意投入较多的资源发展微笑曲线的智财研发，但我发现，投入右端的品牌营销严重不足（图2-8）。

最有可能的原因是，虽然大家都知道品牌的高价值，但尚未摆脱二三十年的代工制造的成功"框架"，因为制造思维与营销思维所需的核心能力并不同。

在微笑曲线上，产业三分之二的价值集中在右端的品牌

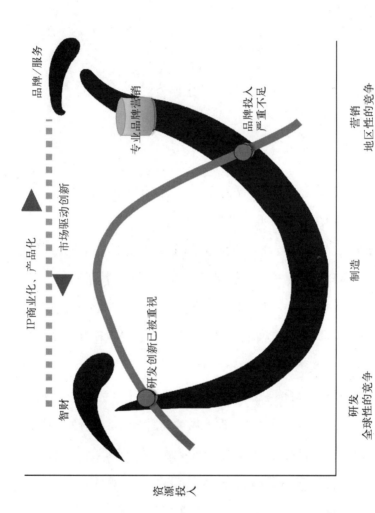

图 2-8　台湾产业目前资源配置曲线

服务，底部与左端合起来才占三分之一。品牌其实就是全球最大的服务业，附加价值最高，可想而知，这里头需要多少人才，而且两岸都极度缺乏品牌人才。

可是，观察官方所积极推动的产业计划，目标要创造的产业规模动辄都是以"兆"元（新台币）来计算，如"两兆双星"，而相对投资在微笑曲线右端的品牌营销却不成比例。台湾不同领域的产业，如果能在现有的产业基础上，挪出一些资源来发展品牌，这些不同领域的品牌价值加起来，其所能创造的价值规模也能破兆。品牌可以说是台湾下一个"兆"元规模的产业，也是台湾产业发展的最佳保护伞。

☺ 关键21：品牌营销是当地化的竞争，要做到四海为家，把当地变成"家"

要转换制造思维到营销思维，还是要从最根本的微笑曲线来谈，虽然是打造一个全球品牌，却要绝对地当地化。

微笑曲线左端的研究发展，面临的是全球化的竞争，右端的品牌营销面临的是品牌国际化、营销当地化的竞争，要做到四海为家，把当地当成自己的"家"来经营。宏碁在欧洲的当地化比美国企业还要彻底，不同的市场有不同的市场规模、消费习惯、社会文化，我们在亚洲用亚洲人、在欧洲用欧洲人。很多台商到大陆市场经营能够成功也是因为落实当地化。

当地化的经营品牌能力包括当地化的市场研究、品牌营销、渠道管理、售后服务。当时我以"全球品牌、结合地缘"的策略出去打国际品牌，找寻当地合作对象，甚至当地伙伴股权还可过半，落实当地化，造就Acer品牌在第三世界国家市场的蓬勃发展，当年合资公司还在墨西哥与新加坡股票上市，其他如菲律宾、泰国、土耳其、印度等合资公司的发展也相当成功，"全球品牌、结合地缘"策略因此被学术界拿来与欧美日的国际化模式相提并论，成为第四种国际化模式。

关键22：要打全球品牌必须要有产销分工的概念

另一个转换思维的关键是，要打全球品牌必须要有产销分工的概念，将生产与营销视为两个真正的独立分工，清楚彼此的权责，不能推卸责任。

大部分企业是由制造起家，生产与研发在内部主导，拥有比较大的影响力，营销部门往往沦为配角，这个观念一定要打破。如果是不同公司，责任还比较容易清楚划分，但在同一家公司，两者之间的责任、义务常扯不清，造成很多的利益冲突问题。

有的制造公司会独立投资一个品牌营销公司，这时要视两者为管理文化完全不同的独立生命体。营销公司不能因为是由制造公司转投资而受制，投资者更不能有以制造思维影响营销公司的意念，尤其是制造起家，又在董事会有决定权的大股东，常会不自觉落入制造思维的框框，使得品牌营销公司不成功。

宏碁与纬创分家后，我完全放手，支持Jen-tang（宏碁前董事长王振堂），如果我跟他说，你要照顾纬创的代工业务，那就垮了，我的观念是兄弟爬山，各自努力，这也是产销分工要抓到的核心精神。又如宏达电的模式，转型发展自有品牌之后，由于面临跟原来代工客户的利益冲突，宏达电完全放掉代工，专心发展自有品牌。

产销分工的概念出现算早，但过去偏向于销售活动，这也是很多想发展全球品牌的中小企业无法成功的原因，"销"不能只是销售，应该是专注品牌营销的所有活动。

不论是企业内部的营销部门，或是独立出来的品牌营销公司，它们的分工就是掌握市场脉动，提供策略方向，让微笑曲线左边的研发、智财链接到市场，产品成功市场化。另一个重要任务是市场驱动创新,由右端品牌市场,找出消费者需求,驱动左端的研发创新。品牌营销团队的重点不在于规模大小,而是能否逐步建立营销文化,累积企业品牌营销的核心能力(图2-8)。

关键23：用共存共荣的王道建立国际兵团

品牌需要时间累积别人认知的形象,而不是自己认定,国家(地区)品牌也是外界对于这个国家(地区)的人、地、事、物的总体印象。经过长年的努力,国际对于台湾地区的中小企业认知是"气很长",能跟大家做朋友,我们长年累积的创新能量、多元、良善的风土民情、文化素养、重视诚信,让全世界认为我们可以信任,这就是台湾地区最具优势的"品牌"潜力。

有次,我跟Google执行董事长施密特(Eric Schmidt)对谈时,被问到台湾地区与韩国有何不同？我回答："台湾是大家的朋友,韩国是大家的敌人。"韩国产业集中在三星、LG少数几家公司,高度垂直整合,由一家公司掌握全部供应链,风险过高,根据过去与韩厂合作的经验,韩国的民族性往往是以自身利益为最大考虑。

台湾地区的产业则不一样,是由很多公司组成的完整供应链，厂商彼此分工、保持开放态度，是全世界最佳的创新伙伴。所以，我说台湾是大家的朋友，行的是共存共荣的王道。

我讲了这么多年的品牌，台湾地区的企业现在要做品牌，比起过去的形象，相对好很多，靠点点滴滴的累积，不管个人或是组织团体，累积成对国际社会有贡献价值的台湾形象。从Acer、Asus在个人计算机、HTC在智能型手机、Giant在自行车市场、慈济在公益事业、云门在表演艺术领域，以及不少台湾中小企业在国际成功发展品牌的故事，全世界，连同我们自己在内开始相信，华人的自创品牌可以成为全球领导品牌。

品牌文化要成为主流才能改变制造文化的心态。文化怎么来？就是多数人拥有相同的价值观与信念，越来越多人不断地讲、不断地做。30年前，大家讲质量文化，现在没人会这么讲了，因为已经内化成为基本要求了。品牌文化也是需要时间累积，这个过程需要学习，台湾地区受限于先天市场小，要走这条路，就要自己走出去，创造可以历练的舞台。

虽然本土企业在当地打品牌的能力很强，广告公司也擅长替来台的境外公司在本地打品牌，但他们都欠缺品牌国际化的能力与经验，不知如何把台湾产品包装营销到境外。不过,台湾可以把"当大家的朋友"化为优势,以共存共荣的王道打造国际品牌营销团队。

要出去打仗,本来就要建立国际兵团,尤其是经营市场的人才一定要是一流的,若你去欧洲市场,没有用当地顶尖人才,根本打不过人家,台湾的人才也能从多元化的团队合作里,累积经营品牌的核心能力。对外国人来说,由于台湾地区已经有完整供应链,如果没有台湾,独立打仗,胜算也不大,如果跟台湾一起打仗,风险可以降到最低,我们需要时间培养国际品牌人才,因此可以借重认同台湾的商业价值,且愿意长期合伙的海外兵团。

这些国际人才要从哪里挖角?经过二三十年的ODM产业发展,我们早有很多国际人才的数据库。有可能对方原是客户公司的干部,想有自己的事业,或者是本来就合作密切的经销商,前提是一定是要了解台湾地区的人,这样才能建立一个有共同价值与共通利益的国际兵团。要"卖"台湾品牌,台湾要占有重大的分量,当国际化团队的主角,否则就不是台湾品牌,比如苹果公司的供应链也是靠台湾,但它就是美国品牌,与台湾无关。

我在智荣基金会成立微笑品牌发展中心,就是想把来台的留学生训练成台湾品牌外销的尖兵,等于是从"少棒"(指尚未出社会者）开始培训选手。但是，这些人还是需要实战舞台，才能培养为职业选手，所以我退休后，只要时间、状况允许，就会通过演讲、访谈以及参与活动，鼓励大家成立"职棒"（指已出社会具备工作经验者），把现有的制造能力延伸到微笑曲线的右端，以前做B2B，现在建立国际品牌，做到B2C，让企业直接面对消费者。

☺ 关键24：分工成熟又具竞争力的产业，可以成立专业品牌营销公司

另一方面，要解决台湾地区企业目前普遍缺乏品牌营销人才以及品牌国际化能力的问题，还可以成立专业的品牌营销公司，专注在微笑曲线右端的品牌营销活动，整合端到端的最佳组合模式。

专业品牌营销公司可以由现有的贸易公司转型，除了销售产品，再往上升级，培养国际品牌营销的核心能力，或是整合同一产业领域的公司，由外贸协会衍生成立或同业共同投资。

这种模式适用于分工体系已趋成熟，又具有竞争优势的产业，如台湾地区的高科技、传产、农业、国际医疗、手工机

具、数字电子产品、休闲器具、文化创意、美食等领域,不论是服务业、农业、制造业,皆可成立专业品牌营销公司,因为对专业品牌营销公司来说,需要为多家厂商服务,才能产生经济规模,最好产品线能够互补,通过整合上下游供货商,强化竞争力。

  专业品牌营销公司的任务包括国际市场需求的相关研究,掌握市场需求所在,强化品牌定位,同时,整合国际人才,落实当地化的渠道及品牌管理。

第11章　展现令人心动的皓齿笑容

> 服务业的创新通常是商业模式的创新,必须考虑微笑曲线上的所有细节,使附加价值最高。

最近这两年,服务业的餐饮新贵快速窜起,取代了过去以研发、制造为主的科技新贵,就微笑曲线来分析,这样的趋势走向一点也不意外。

服务业的创新通常是商业模式的创新。在创新的过程里,必须考虑微笑曲线上的所有细节,整合全球最佳资源与合作伙伴,最好是同时拥有两个顶端的研究发展与品牌服务的核心能力,才能找出最佳组合。另外,也要重视还有哪些分工环节能创造出新的价值?哪些地方需要强化,才能有效体现商业模式?相对来说,知识含量极高,创新的附加价值也会高。

不过,商业模式创新的附加价值虽然最高,挑战也最大。它不似科技技术的创新,在实验室开发成功后,复制相对容易。服务业面对的是消费者,它的实验室是现实世界的生活(living lab),经过市场的验证及修正调整,纳入客户实际的反应后，变成相对完整的经营知识，之后还要不断与市场沟通，由小而大建立品牌形象，不像一般制造业的产品，处理的是死的定数。

服务面对的是人，有很多活的变量，只能把当中可控制的部分模块化，作为客观环境的标准作业流程（SOP），但是现场在提供服务时，必须针对顾客的特性、需求，弹性应用。

在服务业里，与顾客的每个接触都是决定体验价值的关键时刻，常会发现，造成顾客不满意的原因几乎是错失关键时刻。王品集团就将客户满意度与员工奖励结合在一起，强化现场实时反应，保持有弹性的执行力。

客户满意度其实就是无形的"期待"管理，最终目标是提供满足顾客期待的服务，当中所有的过程都是人与人的关系，不同的服务人员碰上不一样的顾客，就会产生不同的火花，所以，每个环节都是活的状态，更需要例外管理。比如，许多知名的境外餐厅会授权现场人员某个比例或金额的自主权，作为满足顾客期待的弹性应用工具。

在我看来，现有的产业都能延伸为服务业，以商业模式的创新，为客户创造新的价值。信息科技时代，戴尔、台积电就是以服务业概念，用创新的商业模式改变整个产业链结构；Google、Facebook也是全球"服务业"，用全新的商业模式创造出云端社群时代。

关键25：整案输出会成为一种新的品牌外销模式

但服务业要怎么输出？服务业的特质是要在市场所在地提供服务，需要整合当地人才，才能进行复制。30多年前，制造业曾谈整厂输出，不过整厂输出给客户，日后会出现产品在市场相互竞争的冲突情况，比较容易直接影响国内就业的机会。为了带动服务业的外销，我认为可以采用"整案输出"的新概念。

整案输出就是将整案服务（total service solution）整体输出，包括整合创新的商业模式、端到端价值链的标准作业流程、标准培训教材、全员品牌管理手册以及品牌的经营知识，同时借重ICT平台，以本地市场经验为典范，整案输出到海外市场，通过与当地团队合作，进行复制，在服务时管控质量、成本、效益（图2-9）。

未来，整案输出会成为一种新的品牌外销模式，不但能协助现有产业以服务进行微笑曲线上的加值，还可以走上国际市场，为岛内人才提供更大的舞台，也由于必须由当地员工落实服务经营知识，亦可对国际社会有更大的贡献。

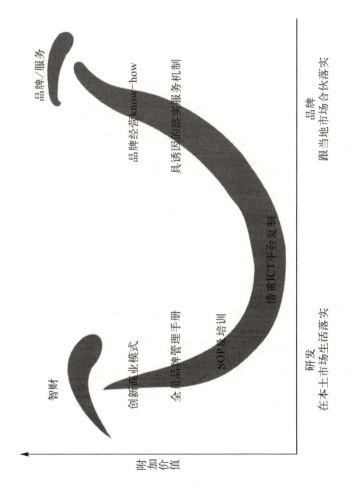

图2-9 服务业（整案输出）的微笑曲线

而且，输出服务的过程中，还能把本国产品纳入销售，间接输出产品，绝对有利于产业的长期发展。

现在是投入整案输出创新的好时机，这是极具发展潜力的未来。过去，服务业在各地都有保护主义与当地的规范，像医疗业、金融业、流通业、交通业等，在全球化浪潮之下，各国服务业已逐渐自由化。如果能将服务业成功经验复制到海外，估计将可创造超过十倍的附加价值出来。

自由化后的国际服务业竞争是一流水平的竞争，以往，台湾地区在整合的能力与经验方面相对较弱，加上产业各自为政的文化，皆是推动整案输出的挑战，必须制定出不同领域参与者拥护共同利益的机制。

很多不合时宜的旧观念也需要改变。例如，与服务业相关机构的心态就要由"管制"变为"开发"，需要更宏观的跨界思维，以及更深远的长期策略。因为整案输出必须结合各产业领域的成熟经验，如ICT运作平台、产业知识、流程、人才训练、品牌经营等，才能提出创新的商业模式。然而，既然是产业跨界合作，想当然所需开发时间更长，需要的人才也更多，在评估产业效益上，应该重视无形价值的衡量指针。

台湾地区有几个服务业深具国际化潜力，值得投入整案输出创新。首先是生技医疗，特别是医院管理顾问、连锁专业医院、健检照护这些领域，台湾医护人才水平高，更具备生物医学、电子领域的优秀人才，加上雄厚的ICT产业实力，适合发展国际化医疗服务业。其他如流通业的量贩店与便利商店、金融业、餐饮业、精致农业、文创、教育培训与顾问等，同样可通过微笑曲线进行商业模式的创新，带动整体价值链向上提升。

以下用餐饮服务、精致农业、医疗产业、文创产业为例，实际说明它们的微笑策略。

☺ 餐饮服务业的微笑策略：成立台湾美食品牌开发公司

台湾美食世界知名，我走过世界那么多地方，从没看到可以像台湾一样，几乎每几步就能有家小吃店，每几百公尺就能找到餐厅，而且日夜皆有美食能满足各式各样的饮食需求。

尤其是常可在藏身巷弄的小店尝到看起来不起眼，却出乎意料美味的惊喜，像我自己的故乡鹿港就有许多著名的小吃美食，目前我也积极整合各界的资源，希望能将鹿港当地的美食推荐给更多的人。此外,很多外来客特别造访台湾这个美食之都,来喝闻名全球的珍珠奶茶,吃遍各大夜市小吃。

台湾已有某些知名的餐饮服务到域外拓点,像85℃、王品集团,多半还是以大陆市场为主,其实我们的美食有本钱整案输出至全球市场。虽然台湾美食业者全球化经验不足,需要训练更多全球管理人才,初期可以先善用全球人才,解决难题,例如与贸协在海外的驻点合作,或是寻找海外当地相关机构携手合作,推广台湾美食。

从微笑曲线来看台湾美食品牌化(图2-10),左端是美食的研究发展,如开发新食材、食谱与烹调法、保鲜技术等,右端是美食的品牌营销,经营台湾美食餐厅的品牌,发展加盟店、渠道,创造更高的附加价值。中间的制造转为本土市场实验室,先在台湾进行实验,由小到大,建立标准化程序与成功的营运模式,再一步步扩展至海外市场。

为了降低品牌营运成本与风险,产业可以成立台湾美食品牌开发公司,由它专注在不同定位的品牌塑造、全球渠道管理,随时应变市场调整品牌策略,这样的好处是各业者能够平均分担风险,将主力聚焦在自己的核心优势,通过共享利润的机制,建立起产业价值链。

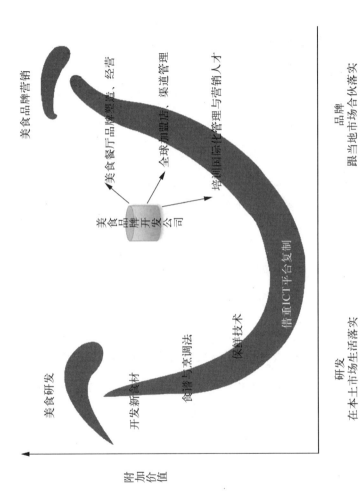

图 2-10 餐饮业国际化的微笑策略

☺ 精致农业的微笑策略：外包制造，投入农业技术研发与品牌营销

世界各国的农业问题向来都是政治问题，然而单纯就农业经济发展，同样适用微笑曲线的发展策略。

在这里，借由反向思考应可解决长期以来农业发展的瓶颈。我们可以思考一个问题，如果将台湾的农业生产移至大陆，但保留先进的农业技术在台湾，结果会怎么样？

很多人会将此视为冲击本土农业经济的不当做法，但就我看来，却是长期利多的发展策略。

农业发展几千年来，大家都将重点放在哪里生产，如果用生产思维，只会苦于土地、人力成本愈来愈高，无法创造高价值的经济效益，甚至出现橙子一个一元、三颗高丽菜换不到一包泡面、香蕉滞销、姜价下跌到个位数字等现象。

解决产销失衡困境，产品输出其实是治标不治本。大陆开放台湾农产品进入，感觉上，台湾农业似乎找到销售新天堂，但从知识经济的角度，这种模式并不足以为本土农业创造最大附加价值。

如同信息电子业，基于成本效益，应将附加价值较低的

生产制造外移，把有限资源投入高附加价值所在。当本土市场有限，土地、人力成本过高，其实并不适合投入大量生产，也不该把重点放在生产，在微笑曲线上，不以生产为重，而是利用农业科技与品牌在海外生产（outsourcing），或发展左端的新品种、供应种苗为定位的技术研发（图2-11）。

况且，农产品于市场所在地就近生产，不但符合环保，也省去不必要的物流成本。以大陆作例，它有着庞大的内需市场，台商（农民）可以在当地生产，就地供应，可以创造可观的收益，而且以大陆作为生产基地，聚焦品牌、渠道、研发，让农业技术在全球开花结果，各地销售，届时不论是水果、花卉等农作物，只要打上"Taiwan Original"，就代表一流的产品及质量保障，这才是要努力的新方向。

当朝微笑曲线两端发展后，官方则应协助本地农民转型为"知识农夫"，让本地市场成为农业实验场，开发高价值精致农产品。也就是，在台湾种植不是为了大量生产外销，而是做农业技术的研究发展、海外复制的操作手册，领先全球农业技术，再进一步移转到海外各地，在当地进行大量复制、生产。这样的可复制化，才能在世界是平的动态竞争环境里，达到经济规模，创造高利润。

发展右端的品牌营销时，要先改变观念。品牌基金曾在

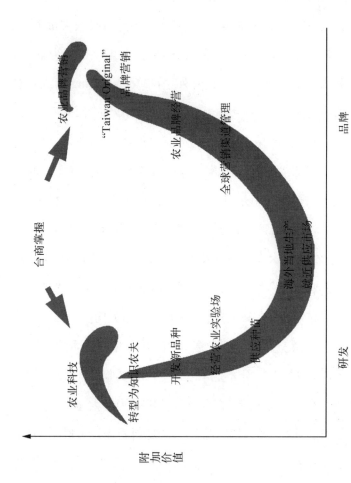

图 2-11 农业国际化的微笑策略

花卉、美食方面努力过一段时间,想协助民间业者建立自有品牌,后来因为经营者对于要承担风险,以及无法长期许诺经营品牌的决心不足而暂停。

品牌虽是私有财富,但必须公司化,通过股权、经营绩效、投资报酬率的机制创造利润共享、风险分担的机制,而且必须长期经营,就算有官方、创投基金、农会等资源挹注,农民以及相关经营者也要承担部分的风险,不可能完全以公共财的方式来经营,这些观念要从机制与心态的改变做起。

☺ 医疗产业的微笑策略:外销补贴内销

我必须这么说,目前台湾地区的医疗发展尚未达产业化与国际化的水平。这也是我退休后,一直想促成的目标,如果能成功,可以创造台湾的第二条成长曲线。

台湾医疗无法产业化与国际化的问题有三。一是法令限制医疗机构不能公司化,医疗机构较缺乏企业化经营的精神。二是健保是商业保险还是社会福利的定位?若是社会福利,官方要以预算来补贴,若是商业保险,就要开放让医界能依不同的保险等级开拓财源,让组织得以永续经营。三是社会赋予医生济世救人的价值观,医师自己也有很高的使命感,宣誓词开宗明义指出行医是人道服务,这也是我们推动医疗国际化,谈到品牌时碰到的挑战,医生与从业人员不认为医疗是产业,当然这样的思维来自社会长期以来形成的主流价值观。

要突破瓶颈,就要挑战传统价值,把非主流变成主流。到目前为止,医师还是社会最优秀的人才,现行制度却让他们无法发挥最高的价值,只落在微笑曲线底部,靠着人力工作创造价值,多赚多累。

因此观念要先扭转,我推广让医师"睡觉时也有钱赚"的观念。医师这群人的知识含金量高,却受限只有工作的时间才创造价值,但在知识经济时代下,已经不该只靠人力累积价值,而是要靠知识、科技平台等创新机制复制价值。相对全球而言,台湾地区的医疗质量好、价格低,应该把医疗产业的知识复制到更大的华人市场,甚至是全球市场。

因此,医师脑袋内的知识应该充分"萃取"精华,让知识本身为他们创造价值,把知识变成收入——变成书,就有著作权版税;放到电子仪器,可以收智财权利金;放到信息系统,就有云端服务收入,我形容这是"睡觉时也有钱赚"的经营模式。

初期,可先引进境外核心技术,研发新产品,追求可普及化的价位与大中华市场服务应用，促成名利双收的成功案例。智融集团与纬创集团在2007年投资美国加州医疗仪器U-Systems公司，它开发的全自动化三维乳房超音波扫描仪是全球首创的领先技术，能够有效筛检出乳癌病灶，2012年获得美国食品药物管理局（FDA）的上市许可，预计第三季新款扫描仪就能搭上乳房摄影，辅助乳癌筛检。根据《新英格兰医学期刊》文献报导，平均有三分之一的乳癌病灶无法被传统乳房摄影筛检出来。

我的最终目标是想办法把它推到亚洲市场，通过台湾ICT产业的量产能力，达到规模经济，快速普及市场，造福全球更多人。如果能够成功，就是医界运用"科技分身"复制知识，创造微笑曲线的成功案例。

从微笑曲线来看（图2-12），就是由左端到右端，创造无形价值的过程。底部是载体，如电子仪器设备、ICT系统，医界的知识能量不需要自己去制造，借重现有产业基础，将智财授权给电子设备厂，创造百倍、千倍的市场机会。

国际化医疗服务产业讲了很多年，比起泰国、韩国的一些地区，台湾地区更具竞争优势，更能提供全方位医疗服务。台湾医护、生医、电子领域的人才水平高，临床实验环境又好，配合雄厚的ICT产业实力，非常适合发展观光健检、

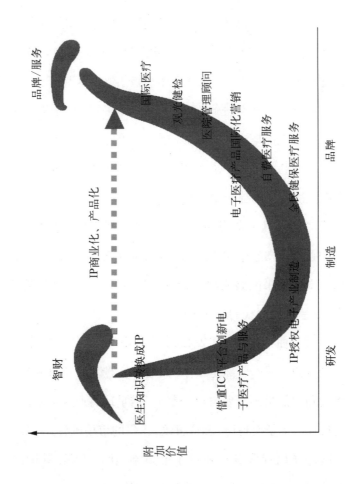

图 2-12 医疗国际化的微笑策略

电子医疗器材、医院管理顾问等国际化医疗服务，可以通过专业品牌营销公司，整合各种医疗资源，针对国际目标客户需求提供整套服务。

但因为全民健保，只要一谈到国际医疗议题，立即涌上强大的反弹声浪，绝大多数的人，包含医生在内，都认为有限的医疗资源不能替岛外人服务，害怕影响民众就医权益。

只将眼光聚焦在健保上很难解决问题。医界抱怨受到健保诸多限制，经营困难，我反而认为，从营运层面来看，健保提供医院稳定的市场规模，当然制度的不完善之处有待二代、三代健保慢慢调整，这条路势必要走。我也抛砖引玉，提出遵循"量能课税"原则的"全民健康福利税"想法，针对富人提高保费，让他们多负担一些社会责任，改善健保财务状况。

至于医疗机构真正要面对的营运问题，就如同其他处在微笑曲线底部的产业，应该要思考的是如何在微利的底部利上加利？只靠健保，仅是维持微利的经营状态，成长须另外开拓财源。

我觉得台湾经济起飞采用的"外销补贴内销"政策可以适用医疗机构，通过国际医疗、观光健检、电子医疗器材、医院管理顾问，以及让医界自己经营自费的医疗保险，开发金字塔顶端等新业务，创造高附加价值的"外销"收入，再用来补贴"内销"的健保收入不足那块,医院也有资金增聘服务人力,提高基层医护人才薪资,以及购买最先进设备。"用外销补贴内销"这个观念若能被社会各界接受,就能建立医疗机构永续经营的商业模式。

我也在找题目,找有共识,愿意许诺的医界人士一起努力,建立知识的创新机制。很多事情,勉强就会做不好,实验的过程中一定会碰到各种挫折,我还是很有信心往下做,总有一天,在适当时机就会发酵。

◡ 文创产业的微笑策略:建立产业发展模式

两岸都看好文创产业,世界各国也都把文创产业视作明星产业。台湾第一支文创基金"文创一号",号召科技界筹资,我也以个人名义投资。

台湾的文创产业目前尚未有产业发展模式。有些艺文界、电影界的创作者会对投资者说:"我只缺钱。"这样的观念会阻碍产业机制的形成。电影要由手工业变成产业,成败在于整合,不是只有预算问题,它需要的是市场营运、制作SOP、品牌管理、跨界合作等,从剧本构想、组织团队、拍摄制作、版权渠道,必须建立一个可以复制的机制,才能建立产业链。举个例子,魏德圣模式无法复制,可是宏碁模式可以复制,所以个人计算机有完整产业链。

改变生态需要时间,台湾不缺创意、艺术人才,缺的是可以建立商业模式的人才。

这个人才若是出身科技业,那他必须放弃科技,专心做文创,或是文艺界的人放弃创作,改做整合者,就像我放弃做工程师一样。而且,对于商业实务要有足够了解与历练,整合者也不是一个人,而是一个团队。所有的产业初成形,都是由一群有共识的人慢慢建立起来,包含有形的运作机制与无形的生态文化,做出一些范例,修正出不同的路,找出成功的大道。

文创种类太多,有些需要放大供应量来创造附加价值,有些则需要限量,才能达到最高价值。表演艺术就是属于需要扩量,降低制造成本。台湾市场虽小,表演艺术水平却很高,原创性十足,像云门早就是世界品牌,也走上国际,拓展海外市场,但是缺乏降低成本的策略。

云门每次出境演出都是大阵仗,每场的"制造"耗掉的人力、舞台道具成本很高,侵蚀票房收益。降低成本的方式有二:一是同一个地方增加演出场次,以分摊固定成本;二是跑龙套角色可用当地人才,像音乐剧《猫》到台湾演出会大量聘用"台湾猫"。

不过若是精致手工艺、雕塑、版画等，物以稀为贵，复制越多，反降低了附加价值。像朱铭的作品若大量复制，变成工艺产品，就失去高附加价值，反之，若是全球限量，增价空间就真的是"无可限量"了。

国际上发展文创产业的经验可以参考，每个成熟产业最终会走向垂直分工、水平整合，美国好莱坞影视产业就是一例。我们还是要建立属于自己特色的文创机制，例如台湾地区文创商业模式是如何、产业如何分工、投资者怎么参与制作过程、有无讲话的权利等，这些都是需要被建立的制度。

从微笑曲线来看，台湾要持续通过创新强化左端研发的价值链发展文创产业，但若要创造高附加价值，关键还是在于如何打通右端的品牌形象与营销渠道，如果缺乏连接右端的能力，附加价值仍然相对有限。创新的实践需要配合制造、后勤、营销等能力，台湾必须先建立起完整产业链，再以文创品牌输出至全球市场，创造经济规模。

第三部
就是现在,创业与创新正好

丹麦哲学家齐克果说，我所能体悟的，只有那些被我活出来的道理。施振荣分享的全是亲身的体验与观察。

创业超过30年，到现在他还这么认为："别人认为我在某些方面已经很成功，实际上，我觉得远远不足，很多事情仍然不懂，当创业过程中面对一些未知挑战时，经常边做边学，努力弥补各种创业所需的能力。"

这位创业教父学到了什么？

他说，创业的机会无所不在，只要懂得用微积分的概念，即使市场再小，里头仍有无穷大的机会存在；他说，成功没有固定模式，但有可遵循的法则，根据这些，可以少走很多冤枉路，聚焦在有机会成功的路上。

世界充满了梦游者，大多数人宁愿选择酣睡，少数人清醒，从根本创新的自我思考者更是少之又少。

这位趋势大师看到什么？

1996年，当主流认为个人计算机的趋势是追求升级、扩充时，施振荣提出PC将走向多元化的XC[①]，针对某种应用、需求，用户将从以个人计算机为中心，转移到新兴形态的装置，十年后，果真出现智能手机、小笔记本电脑、平板计算

[①] XC指专用计算机，针对某种特定的应用或市场需求所开发的计算机。相对来说，BC（basic computer）是平价计算机的简称，只具备一般基本功能。

机等风潮；2000年，他描绘微巨服务（微服务、巨架构），认为它是信息服务下一世代的模式，这个愿景成了如今最潮的云端。

昔日趋势成了现今情势，施振荣并非未卜先知，而是以创新思考推敲动态竞争的结果。他说，创新者要能不断改变原有的想法，跳脱框架，更要有纪律地执行创新；他说，创业与创新就是创造价值，如果能满足社会需求，做一位共创价值的"商"者，以及诚信多赢的"道"者，成功是迟早的事情。

云端时代，虚拟与实体没了界限，深度与广度同时立体，我们更不能以管窥天，施振荣的微笑创业与创新法则让成功有迹可寻。

第12章　创业，为了满足社会需要

> 对创业者来说，第一个要有的思维：创业是为了满足社会的需求。从这个思维出发，不但能掌握努力的方向，也比较能够永续经营。

很多朋友都很关心创业的问题，在很多场合，我也都会被问及与创业有关的问题。

创业，的确让当年我们一群出身自一般家庭的穷小子有了出头天的机会。想当年，邰中和骑着老爷摩托车，奔波于台北与龙潭中山科学院接洽业务，林家和以公司为家，施太太（叶紫华）为了迎接客户来访，每每一阶一阶擦洗公司楼梯。那时，刚从学校毕业的卢宏镒、施崇棠、蔡国智，有过短暂工作经验的李焜耀、林宪铭，成为最早期员工，他们从工程师做起，伴随着宏碁成长，在同僚中崭露头角。我们将公司塑造成一个不需要靠背景，不分籍贯、毕业学校的工作环境，后来再加入了王振堂、庄人川、吕理达、陈正堂等人，这些人全成了科技业出色的领导人。

当初，我创业的基本理念是基于社会有此需求，尤其是预见了社会的未来需求。当时我看到了微处理机将带来二次工业革命的机会,我认为华人在第一次工业革命时没有参与,这次不能再错失二次工业革命的机会,因此与一群志同道合的伙伴一起创业。

我善用有限的人力与资金等资源,在有效的组织与策略下,借由创业来对社会有所贡献。一方面通过教育消费者,开发这块全新的市场;另一方面,通过提供产品与服务,创造合理利润,持续提升、培养自己的能力,一路开发出许多应用产品。

对创业者来说,第一个要有的思维就是为了满足社会的需求而创业。从这个思维出发,不但能掌握努力的方向,也比较能够永续经营。

创业最大的目标是为社会创造价值,而赚钱则是因为对社会有贡献的回报,投资报酬率高,让创业者可以继续投入资金与培养人才,创造更好的环境与机会。所以,创业不在于规模大小,而是要看本质——为社会提供何种价值?

价值不是自己认定,而是站在客户立场来看,特别若是提供同构型的服务与商品,相对于竞争者,你的价值差异性是什么?

比如你开一家豆浆店,而附近没有这样的店,你提供的价值就是"方便",要是隔壁已经有了,而你卖得比较便宜,那么"便宜"也是一种价值。但创业若要以便宜作为主要价值诉求,就得好好思考了,你凭什么比别人便宜?利润从哪里来?创造价值减去投入成本是附加价值,如果附加价值是负的,就没有意义了。

建议大家,创业前可以先问自己三个问题:客户及市场的需求是什么,以及能否有效掌握这个市场?其次,经营这个市场,能否将本求利?创造的价值是否高于投入的成本?

☺ 创业要有气长的策略

很多的事实都证明,机会是给有能力的人准备的;当你有这个能力,先要知道机会在哪里?当有这个机会,你要知道是否有能力掌握?为什么我会是亚洲第一个做出个人计算机的人,因为我有这个技术,刚好也看到了千载难逢的好机会。

不过,创业初期,我们想进一步扩展公司规模,公司是没钱的。连我在内,一同创业的合伙人也没有钱。当年哪有什么创投,银行也不会借钱给小公司,我们经过一段艰辛而困难的日子,后来想出员工入股的方式,慢慢撑过来。

创业要有气长的策略,气要长到你能证明赢利模式出现,才不会未达成功就把最后一口气用掉了,功亏一篑。

建立赢利模式需要资源。公司成功推出第一项产品后，第二项产品可以复制之前的模式吗？是否也能赚钱？实验的过程需要时间，很多年轻创业家往往只吐了第一口气，推出第一项畅销产品，却无法累积优势，再接再厉，推出第二项新产品。企业要能长远发展，无法单靠一样产品，而是要产品线。

根据我的实务经验，要建立成功的赢利模式，需要投入的资源与等待的时间会远多于创业者预期的，但是成功后，成长速度会比预期的还要快。从创业到建立成功模式的过程，很像一架要驶入天空的飞机，不是一下子就能冲向天空，刚开始需要在跑道上滑行，而且要滑行得够久才足以起飞（图3-1）。

在人的脑子里，事情都是慢慢酝酿才成形的。小教授一号是我在创业前五年就有的构想，只是时机尚未成熟，还不可实行，只能放在心里。

宏碁成立后的头五年以代理与顾问的生意维持生存。在这五年间，我也在酝酿实际生产的想法，等到客观因素具备后，再把所有的想法拼凑为完整的蓝图。当时也因为公司小，决策可以很快推动，掌握了制造的先机，第六年我们推出小教授一号，开始起飞。

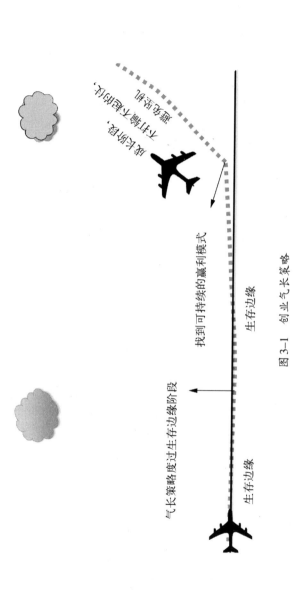

图 3-1 创业气长策略

飞机滑行的跑道线要有多长，必须创业者亲身实作才知道。创业早期会处在生存边缘，创业初期往往利润微薄，手头资源消耗的速度比想象中快，且往往没有后续资源可以投入，因此气要够长。

一般来说，除非是像高铁这种庞大规模的计划，一到三年若还是看不到有向上起飞的征象，表示现有的模式不得要领，必须改变方法。可能是投资与资源不够，因为缺乏足够的燃料，无法产生更大的起飞动力；也有可能是本身能力不足，本质上需要更长的滑行时间。

⌣ 创业要有交学费的准备

如果你预期一年找到赢利模式，万一做了一年多还是没找到，不要泄气，我常看到创业者在生存边缘的直线徘徊很久，甚至中间还往下掉，才再爬起来，继续滑行，最后才顺利起飞。

每个阶段都要去审视事业的进展，例如原先构想的执行程度、产品研发进度、外部市场的变化、营运模式是否需要调整。如果能在适当时机审视现状，而不是等到最后关头才恍然大悟，通常成功率是高的。因为可以在挑战困难的关卡,适时转型因应,或者发现此路根本不通,不用在不对的方向一再投入资源。

我的经验是,往往发现所要解决的问题是来自产业或社会文化。因此,要更深入了解产业与所处的社会文化,想办法用更创新的观点落实创业的理念。

由于创业成功所需时间往往比预期的还要长,而成功后,成长的速度又往往比预期的还要快,因此需要投入更多的人力与资源。为了累积经验与能力,要抱着学习的心态,以及缴学费的心理准备。

成长是很痛苦的,要走没走过的路,经历没做过的事,过程中会面临太多未知的风险,里头有很多想象不到的挑战,只要所缴的学费能在承受的风险之内,就可以忍受,最重要的是,从每个教训中学习到宝贵的经验。我常笑说,我可能是台湾地区在品牌国际化的创业过程中,缴了最多学费的人,特别是1989年,宏碁为了拓展美国市场,并购了一家美国个人计算机维修服务公司,这个教训让我印象深刻。

当时,宏碁只花了50万美元并购,后来结算总账,却亏了2 000万美元,这实在是想都想不到的事情。不过,这让我学习到要步步为营,面对各种可能存在的风险与陷阱,绝对不能掉以轻心,人生也是如此。

◡ 团队共识的信心与默契是成长的关键

在寻求成长模式时,也要小心维护你的资源,还有你的信心,有的人一看到业绩成长,就往前冲了,结果一败涂地,即使创业的气够长,开始有赢利出现,却仍然可能在成长阶段阵亡,对创业的信心全失。

在创业的起飞初期,资源仍然有限,要避免"坠机",就要有"不打输不起的仗"的心态与思维。在每一次作出重大决策与行动之前,先设好止损点,并估算好一旦失败可能带来的冲击,企业财务是否能够承担。留得青山在,不怕没柴烧,只要做好风险管理,事先妥善因应,就算不幸失败了,也不致一蹶不振,还是能够往前走。

经营企业要有足够的资源,除了资金,还有人才,团队共识的信心与默契绝对是成长的关键。当年公司一成长,我就增资,再投入资源研发,广招人才,同时取得团队共识,大家一起讨论未来方向,知道下一步要做些什么新东西,这样所有的人才会有信心走下去。

当事业经营很顺利时,创业者要主动去寻找下一个挑战,不断创造相对的竞争优势。你先想到的点子,如果没有具备真正的竞争障碍,就算你的技术比较好,规模比较大,也有知识产权的保护,也是无法挡住模仿的。你无法要求别人不跟进,这个世界本来就是大家互相学习,走在前头的人不能抱怨大家学他,甚至超越他,社会就是要不断往前跑,才会进步。

创造一个有价值的品牌,相对来说,才能筑起较高的竞争障碍,形成优势保障。后来者要建立一个新品牌,需要累积时间与资源,而你已经走在前头,有经济规模、消费者口碑,不容易在短期内被追赶上。

一旦面对困难,创业者也要有挑战困难的决心,不但自己要保持信心,也要帮团队"垫高"信心,因为一定会有挫折。挫折是这样的,如果有信心,它就是学习,没有信心,就变成打击。就算有损失,也要当成人才成长的投资,打仗就是要信心与资源,这也是团队往前走的必要过程。

☺ 创业＝理想＝承诺

我一生都在创业。创业可说是一种理想、一种承诺,要长期持续投入,经营管理的知识或许不是放诸四海皆准,但经商的基本精神是一样的。我想以诚信为本的商业哲学,是创业者需要具备的理念,也是我一路走来,能够带领宏碁度过两次营运低谷,并在60岁时荣退的重要原因。

在新经济时代,虽然交易买卖不像古代的以物易物那么单纯,还是要奉行"商者共创价值,道者诚信多赢"的商道。

商者共创价值在于商业要能兴盛,必须共创双方的价值,达到双赢,才能让交易一笔又一笔接续下去,如果单纯对其中一方有利,关系必不能长久。道是指经商的方法,做生意要讲究信用。每一种商业活动,都有不同的利益相关者存在,如供货商、渠道伙伴、消费者、投资大众、银行、员工等,甚至有许多消费者、投资者都在境外,更需要诚信的经营之道。在新经济时代,企业除了品牌外,企业形象越"诚信"越值钱,事实上,能否争取到消费者、投资人、供货商、客户的信任与支持,也都与诚信息息相关。

第13章　滚大你的创业雪球

创业无所不在，主要取决于能否创造价值，如果用微积分的概念来思考，即使再小，只要切入对的市场，处处都是创业的机会，创业可以从小领域做起，像滚雪球般，滚大新创事业。

我经常被问到,台湾地区还有创业机会吗?是否有机会再创造出如同宏碁的跨国企业?也有不少年轻人问我,应该自行创业,还是择良木而栖?

台湾地区旺盛的创业精神是亚洲独有,中小企业比率高达95％以上,使得各行各业百花齐放,不少人都勇于挑战创业。放眼整个亚洲,只有台湾地区有此条件,日本、韩国、新加坡以大型企业为主,香港地区则是金融、房地产生意为主,不像台湾地区的中小企业大部分是以实业为主。

创业,其实无所不在,在我的定义,创业就是创造价值。如果在大组织,你被赋予开拓新事业的责任,算不算创业?如果在部门里,在自己的工作领域表现出色,帮部门与组织创造价值,算不算创业?如果公务人员尽心为人民创造价值,算不算创业?我认为这些都算,只要能创造价值,就是创业家,甚至公益领域的志业也可以是创业的一种,也为社会创造了价值。

机会是无所不在的，但只给有能力的人。千万别认为创业只靠钱，创业要能成功，需要许多能力的配合，包括技术的能力、掌握市场的能力、建立生意模式的能力、凝聚团队的能力等，这些能力能让你在发展过程中，一步一步地，从小机会看到大机会，再看到更大的机会。

创业之初不求大，很多人创业失败的最大问题常是一开始就想得太大。创业要务实，不要一开始就有太大的梦想，由一块小小的领域慢慢做起，先累积能力，建立信心。待掌握经验、建立成功的赢利模式后，有了信心，再像滚雪球般，滚大新创事业。

宏碁也是由小做起，创立时，我只是看到微处理机未来的发展机会，就专心投入。现在的创业者信息太多，这些信息有正面，也有负面的，误导的可能更多，不要只看表面，要能了解信息背后真正的内涵，做出正确的判断。虽然创业由小做起，但要有全球化思维，现在的创业者面对世界是扁平的挑战，不能以管窥天，否则会降低成功几率。

☺ 不能把创业计划书的商业模式当成圣经

所有的创业者都会关心："要不要想好商业模式才开始

创业？"其实我认为，创业初期，只要有好的创业点子，能够切入特定的市场，并且创造价值，也许一开始对于未来长远发展还没有太过具体的数字，但只要能在过程中逐渐摸索出可能对的商业模式，由小做起，开始去尝试，慢慢就会试出对的路来，即使现在的路不可行，也可以调整方向后再重新出发。

创业者第一要认同的是世界变化的速度很快，并且越来越快，面对市场不断地改变，创业者也要随时依情况做出因应，一开始的创业计划书面对后来实际的营运状况也不可能不做调整。

有句玩笑话是这么讲的："计划赶不上变化，变化赶不上一通电话。"未来的创业者要能在变化里找到机会所在，进而在其中创造独特的价值。当变量太多，市场、竞争者、所需的创新能力随时处在变化状态时，你可能因为某个变化，重新聚焦、定义新的价值，商业模式当然也会跟着变。

所以，不能把创业计划书的商业模式当成圣经。商业模式的整体结构比细节更为重要，投资者可以从结构看创业者的观念是否正确，就变化快速的竞争环境来看，商业模式写出细节不一定有用，虽然可以借此磨练自己对事业的了解程度,但不要将其奉为圭臬,避免适得其反。

　　我常听到不少年轻人反映没有创业机会,那是因为没有扩张自己的能力与视野,就算机会在你眼前,也看不懂这就是机会,对它视而不见。我倒觉得,今天最大的问题不是没有机会,而是机会太多了!因此,如何确认这是一个值得投入的好机会就变得很重要。

　　在变化中你要有洞悉价值的能力,可以发现别人没看到的市场,或是发现哪块市场尚未满足消费者需求。但是,千万别只是站在机会的门外,如果如此,你不会知道答案的,或是别人做出来之后,只能在那惋惜被捷足先登。

　　与其等待机会来敲门,倒不如自己去开门。当你走进去,自然会看得清楚,而且要有勇气去验证你的观察与直觉是否正确。确认它是一个真正的机会后,要有能力比别人快,有足够的资源完整地把产品、服务营销到市场,以及教育消费者,培养使用者忠诚度。

　　再来,新创事业的成功关键不在规模大小,而是创新能力的高低,以及彻底体现价值的执行力。如果你在提供这些价值的过程中能够创造一些利润,积累经验,就可以提升原有的能力,在多变的环境中继续找到新的机会,或者把原来的机会再扩大。

不要迷信先进者优势

不要迷信先进者的优势。在变动的世界里,原先建立的基础,有可能不再是竞争障碍,而是转型的包袱。

几乎所有的产业竞争里,不乏很多先进者消失在竞争洪流,成为历史名词。要知道,没有永远的竞争优势,就算你是市场的先进者,也用智财、品牌累积资源,创造出经济规模与消费者口碑,但只要竞争态势一改变,先进者也有可能变成被淘汰者。

20世纪80年代,世界最大文字处理机的王安计算机称霸全球,到90年代却因封闭系统失去竞争力,向美国联邦政府申请破产保护。早期字处理系统是垂直整合,所有软件整合在字处理系统,如同我之前所说的(见第7章),一项技术成熟到某个程度就会朝向垂直分工、水平整合,计算机应用软件从垂直整合在计算机系统被打破,变成独立的分工,放入个人计算机里,市场完全改观。王安计算机就是没因应市场变化,从先进者变成被淘汰者。

反观微软却看到机会,无论是操作系统、应用软件都采用垂直分工,并选择水平整合该应用下功能最佳的产品,投资几亿美元研发，每套售价只有几百美元，但是可以重复使用，大量销售，经济效益很高，销售金额比研发金额多创造了好几个零。

我观察到一个普遍的现象，许多人对于网络创业有兴趣，却只看到美国模式，反而无法开花结果。

Yahoo、Google、Facebook能从原本的新创事业，在美国众多世界高科技集团环伺下脱颖而出，主要是美国的本土市场规模与需求够大。新创事业能靠自己的力量，拓展营运规模，在大市场中自行成长，而不用依靠既有的高科技集团资源。当你试图在英特网平台上创业，要非常清楚地认知到这个情况在台湾地区比较不会发生，因为本土市场规模太小，无法孕育出这类新创的大型网络公司。

以两三年前的团购网创业热来说，先期不断烧钱，连赢利模式都还没有找到，就要先投入好几亿美元，但借由美国庞大的消费市场，新创事业快速累积了具规模经济的顾客基础。以建置1 000万名顾客为例，这些新创事业投入的总成本，可被换算成平均每位客户的价值，因为后进者若要建置1 000万名顾客，就得投入这么多成本。因此，就算目前营运亏了好几亿，新创公司还是有它的价值，加上美国活络的资本市场，上市之后，投资人还能有资本市场利得。

这是在大市场常见的模式,以创新服务快速达到经济规模,创造市场价值。Yahoo、Google、Facebook 也都是用智财与品牌建立竞争障碍,初期免费提供有竞争力的产品与创新服务,养成使用者习惯。

不过,全球大趋势虽相同,客观条件却不同,策略自然也要不一样。有效的商业模式必须因应当地产业生态,结合在地创新,才能开花结果,不少两岸的创业者把网络创业看得太容易,直接复制美国模式,结果失利。

纵使中国与美国都是大市场,中国模式与美国模式就要有所差异。以团购网为例,中国消费者就跟美国消费者不同,中国的消费者与商家之间存在着不信任感,消费者怕黑心商品,店家怕恶质客人,而且中国各城市的消费者偏好、习惯也不尽相同,若只是把美国模式搬到中国,势必无法满足实际的使用者需求。

当然,小市场的台湾地区更是截然不同。一是投资者不习惯计算"每单位客户价值"的商业模式,二是本土市场太小,亦无法创造像大市场那样的经济规模。换个角度思考,也只有不一样的生态,台湾地区才有优势及生存的空间,否则会鸡蛋碰石头。我们可以参考、学习别人的创新点子,但必须经过消化、修正,建立起自己的特色模式,才有可能成功。

 创新，不进则退！

所以，我才常说，适合台湾地区的不是美国模式，而是台湾模式。台湾地区建立模式有两个关键，一是掌握在华人市场的应用；二要借重现有的硬件制造优势，台湾地区还是存在许多创业机会，倘若没有结合本身已经建立的优势产业，直接跳出去，面对市场竞争，成功机会并不大。

创新是不进则退。硅谷就是不断往前走，只要台湾地区会做了，美国就不做了，现在的苹果公司就像当年的IBM，创造相当于整个台湾地区GDP的市值。台湾地区没有第二条路，必须像美国走在台湾地区前面一样，走在大陆的前头。

制造是有形的载体，没有载体，什么都是空的，台湾地区因为有全世界最好的载体，苹果公司就来了，把制造外包给台湾。不过，代工是由别人来体现其价值，如果自己没有不断加值的能力，总有一天会被取代，甚至会被逼得放弃制造。往微笑曲线两端发展是进可攻、退可守的策略，研发创新与品牌服务是加值能力的两个重要工具，当成长到像美国这般的创新能力，载体还可以优先支持自己，原先的制造仍

微笑曲线——缔造永续企业的王道

然有利可图。

台湾自行车产业的发展就是如此，原本台湾厂商是为国际品牌代工。为降低成本，业者除了赴大陆设厂之外，也积极往微笑曲线两端发展，强化研发、品牌，借重大陆市场生产中低端产品，高端产品的研发创新与制造留在台湾，现在成了全球自行车研发重镇。巨大机械自有品牌Giant成为全球第一，还带动21世纪的自行车革命，把原先交通工具定位的自行车变成生活形态（lifestyle）的创新市场。

要掌握华人市场，台湾要借重大陆市场。光是靠台湾市场规模，格局没有拉大，所能创造的价值与效益相对有限。相较于有形产品，无形产品是市场越大越有价值，APP、网络社群越多人用，单位成本降低、单位价值同时提高，Google、Apple Store也是这样的特质，这也是大陆网络产业比台湾蓬勃发展的原因，台湾的文创产业如果没有大陆市场一样无法创造经济效益。

这中间最大的挑战是如何有效当地化，并掌握当地的需求。即使像Yahoo这类公司，进入日本等亚洲市场，也都需要跟当地业者合作，才有办法打开当地的市场。无国界的虚拟网络，服务也需要落实当地化，网络服务业者常以为领先的技术是决胜关键，事实上，往往会发生问题的不在于技术层次，而是能否有足够的市场敏感度，洞悉使用者需求所在，适时、适地确实地提供应用服务，成功打出口碑，凝聚人气。

☺ 用微积分概念来寻找创业机会，即使再小，里头仍有无穷大的机会存在

相对于大陆仍须以制造为主创造就业率，台湾的优势还是很有利基。

对发展中国家来说，不能忽视制造业所能创造的高就业率，也就是马斯洛所言的生存基本需求。大陆当前还是以制造为基础，但其政策很清楚、有前瞻性，运用内需市场自主品牌、自主创新，慢慢发展微笑曲线，不过这需要时间，过犹不及，必须在稳定就业率与未来竞争力之间，不断调整。

寻找创业机会可以从微积分的概念来看——即使再小，里头仍有无穷大的机会存在，从已经区隔的市场里再切出更细的市场，尤其全世界走向分工整合大趋势，在分工越来越细之下，特定区隔的市场仍可以提供许多新机会

给创业者。

在寻找机会之际,要把大陆,甚至是全球华人市场纳入,思考消费者尚未满足的需求所在,以及创业团队的核心能力可以为消费者创造出什么附加价值,进一步提供创新的服务。

比如,ICT硬件产业基础就存在着为未来需求加值的创业机会。从网络(internet)到行动网络(mobile internet),这么多ICT的关键零组件,如何整合,创新硬件装置?现有的硬件装置怎么进一步延伸,结合软件服务,深入市场,创造更高的附加价值?如何在所有载体上创造品牌?触控是数字产品趋势,除了追求分辨率越高、价格越便宜之外,是否能让使用者指尖实际感受真实触感、创造五感六觉的使用者体验?光是从这些角度出发,做都做不完。

渠道是分工的最后一环,所有经营者都要审慎看待

渠道本身是分工的一环,有自己独立的品牌,可以说渠道是服务的品牌。很多创业者认为渠道为王,都想参与这个分工环节,其实经营渠道,没有想象中的简单。

品牌业者如要经营渠道,可成立旗舰店以直接掌握客户

的需求与反应，这可当做对营销的投资。但有些商品，品牌业者如要成立自己的渠道，反而会受限，因为消费者到一般门市时往往不只看单一品牌的产品，一旦选择性不够多，消费者就不会再上门了。

有个很重要的概念要思考，渠道本身就是一个分工，也是品牌产品的延伸，是否要进一步跨足整合渠道，则应考虑对品牌经营是否有所帮助，否则宁可不要直接参与。

不过，思考是否做品牌专卖、旗舰店也不全然是分工角度，还有投资思维。新创品牌因市场对品牌认知不强，品牌拉力不够，无法在大型渠道上架，或者在一般渠道里，会被其他强势品牌包围，很难被消费者看见，此时通过品牌专卖、旗舰店塑造形象，可吸引消费者进来。渠道主要目的是提高品牌价值，创造美好的用户体验，而非本身经营要获利，要视作品牌投资的一种。

渠道的管销费用很高，这些成本也会转嫁到消费者身上。所以，如果想要做渠道，要以创造消费者最大利益为思考，站在看紧消费者荷包的立场，才有可能成功。我常说别买广告很多的建案，因为建商等于没有看紧消费者荷包，广告费用最后都由客户买单。

以上是我归纳出来的创业大原则，实际的状况会更复杂，了解这些原则的基本精神再去灵活运用，可以少走冤枉路。未来的世界，可以走的路太多了。不符合原则的路就不要浪费时间，要聚焦于有机会成功的路。

应该走哪一条路？还是要靠自己的智慧、慢慢累积经验，去验证。机会，永远留给有准备的人。

第14章 云端时代创业成功的关键

> 云端时代就是找回人因个人计算机失去的自尊心,由使用者当家做主,将各种信息服务与内容轻易组合应用在生活上,它带来的是生活形态的革命。

云端，其实就是我在2000年提出的微巨电子化服务。那时，我推动二造，完成宏碁转型，找了二三十位主管一起讨论未来要如何切入信息服务。当时，就有人提出信息服务要像水电，需要用时再打开，一开就来了。

我从微笑曲线右边思考信息服务的下一世代模式，突然想到Macro（宏观）、Micro（微观）的概念，在我的蓝图里，它应该是要建立巨架构（Mega），提供微服务（Micro）。我当年提出微巨服务的巨架构是由软、硬件与网络组成，软件包含平台与各种解决方案，庞大的硬设备包含数据中心、服务器、网络等，网络不一定要自己架设，可以通过电信公司的网络整合起来。

宏碁集团曾经营过的乐透彩就是云端服务，由中央好几部强大计算机组成巨架构，巨架构就是云。云要有端来为使用者提供服务，各销售点是端，通过网络链接中央与周边计算机，提供签注的微服务。

生活里常有很多的巨架构、微服务，电信也是以巨架构来提供最简单的微服务，以前是声音传递，现在加上多媒体内容的整合传递服务。APP也是一种微服务，云端服务一定要"微"，因为容易标准化，使用者才容易上手、应用，客户端的操作要越简单，把复杂的交由中央的巨架构处理。

通过媒体的报道，大家都知道云端可以改变世界，但对于它究竟改变了什么，其实很模糊，新时代的创业者如果没有弄懂云端的核心精神，比较难发展出具市场价值的创新点子。

若单纯把云端视为下一代的科技进步，会忽略它背后带来的庞大商机，它真正带来的是生活形态革命，就像18世纪的工业革命，彻底将人类从农业社会带入工业社会。就我看来，云端找回了人的自尊，开启使用者真正当家做主的时代，人可以自己决定应用程序、服务和内容，并在线储存虚拟工作区或个人化数字内容，而且操作简单，几乎不费心力，就能轻易组合出自己想要的生活形态。

我在20世纪90年代末期，曾提出未来的个人计算机会走向多元化的新兴装置。个人计算机的操作其实会打击人的自尊心，学习门槛比较高，键盘和鼠标是被强迫建立的使用习惯,不如触控笔、手指是人性化的直觉,使用个人计算机要维持固定姿势,不能随心所欲或坐或卧。

☺ 要有能力掌握市场成形的关键因素

我第一次讲这个概念是1996年到美国演讲,我还记得主题是"未来的计算机是一个XC时代"。

当时,整个个人计算机市场还是以升级、扩充为主流,价格偏高。我从市场、消费者需求来看,思考个人计算机功能越来越强大之后,很多人根本不会用到所有功能,反而会出现"够用就好"、"专用功能"的使用者需求,由此,提出BC与XC的概念。

BC是Basic computer的简称,只具备一般基本功能,一开始被称为国民计算机,也就是后来出现的小笔记本电脑。

XC的X代表未知之物,XC实际功能比不上计算机,它是针对某种有价值的应用、某类族群、某个市场的需求所衍生。那时,我想象的未来是从PC延伸一大堆XC(变成XC1、XC2、XC3……),只要某种应用功能越来越普及,越来越多人需要时,就会发展出新的XC,使用者从以PC为重心,转移到其他新兴形态的装置。1996年的想象成了2012

年的主流消费市场，现在的iPad、智能型手机、PS3、XBOX都是XC的一种。

但是，个人计算机不会消失，还是有某族群用户必须使用个人计算机，我们称之为数据创造者（data creation），也就是要不断创造内容的人。XC主要功能是享受内容，个人计算机是创造XC的必要基础架构，在个人计算机的环境里不断实验出新应用，然后再变成新的XC。智能型手机的APP就是借重个人计算机环境来发展的例子。为了满足使用者在移动过程，随时随地能使用网络的需求，于是手机变成了行动网络的智能型手机。

每个趋势要成熟，并且变化出新的生态，需要客观环境的配合，宏碁曾在2001年推出屏幕可以旋转、可以用触控笔手写的Tablet PC，只不过当时发展受限于行动网络的客观环境还不成熟，无法有效为用户创造行动应用的价值。

从历史可以展望未来，我因为看得比较久、比较多，加上深入分析、归纳，所以看得到趋势。以前，我在宏碁内部谈此趋势，大部分人一知半解，以那时的环境无法想象未来发展，很多人就疏忽了，虽然很早就对未来有想法，但不知如何运用。

我也要检讨，趋势要酝酿一段时间才会成熟，如何把趋势落实在企业内部的创新机制,才能在机会来临时,抢得先机。毕竟,能够先知先觉,只是跟上趋势的第一步,还要有能力掌握市场成形的关键因素。

☺ 个人云是未来消费者的生活核心

个人云(personal cloud)会取代个人计算机成为用户的数字生活核心,消费者在日常生活中从各处选择不同装置上网,如智能手机、平板和其他消费装置。对创业者来说,要在云端的新世界里找商机,对企业而言,是从旧世界跨入新世界,必须重新思考如何提供应用程序和服务给用户。

对个人计算机品牌业者来说,个人云会把个人计算机产业的价值提高,因为个人计算机已经有很大的市场,每个品牌都有自己经营的顾客基础,苹果用户需要苹果去服务,宏碁用户需要宏碁服务,提供个人云端服务给自己的顾客就是全新的产业"加值"。

此外,还要从你的核心事业出发。从宏碁的角度值得做个人云端服务,专业代工厂的广达、仁宝不必去做,因为本来就不是直接面对使用者,它们要用原来的基础开发云端所需的服务器平台,不同的云端应用需要不同平台,如医疗、电子书、游戏可能的需求不尽相同，像纬创现在就在做云端医疗平台。

另外，很多创业者或企业都想建立私有云来提供微服务，但如果什么都要自己做，根本不会有竞争力。最好的方法是先建立一个小小的、独特的私有云，整合到如电信这样的巨架构，提供微服务，苹果就是在电信公司的公共云下，建立苹果商店的私有云。

特别注意的是，借用别人的巨架构，提供微服务，定位一定是要对方做不到的事，否则当利益相冲突，它可以把你吃掉。苹果商店提供的微服务是电信公司目前无法做到的，因为它与应用程序业者之间是合作生态，苹果商店就像超市，而各种应用程序是超市架上的东西。开店要有东西可卖，而东西要有渠道可以销售，不然无法接触到消费者。所以，苹果商店这朵私有云虽然要借重电信公共云的巨架构，但提供的是电信公司无法取而代之的微服务。

☺ APP本身就是完整解决方案的提供者

云端让企业多了新机会，在原先的目标市场，为消费者创造比原来更好的价值，在新世界就有立足之地，不过，要从产品导向的思维，改变成顾客导向，一切以消费者最大利益为考虑。

当思维转变了，不但能掌握原有市场，还能延伸新的市场需求。

举个例子，人的消费习惯本来就是喜欢多元化，链接实体与虚拟产生多元应用服务与产品的APP，把主动权交由消费者，组合自己想要的使用形态，不用像以前只能从生产者提供的组合做选择。但消费者在茫茫大海里，要怎么找到自己想要的产品或服务？如果有人能替他们整合、搜集信息、找好东西，就像实体世界的百货公司，我相信，这种整合者在每个产业、不同领域都有需求。

不过，产品、服务APP化，不要以为只需用一个应用程序让消费者能在多种环境、多种方式使用即可。

在产业价值链里，每个APP都是一个垂直分工的应用，又要从头贯穿到尾，提供整合服务给使用者。APP本身是提供完整解决方案（total solution）的应用软件，本质上就是需要整合一些分工。

我在手机里下载了一个监测睡眠质量的Zeo APP，它是通过手机蓝牙功能，以及一条传感器的头带，监测脑波讯号，追踪我的睡眠状况，这款APP开发者为了要把服务传给使用者，本身就要整合软件、通讯、装置等分工，提供完整解决方案。

反过来说，在新的世界里，原来的东西可能会变形，或是需求会被新的微服务替换掉。例如，在没有云端之前，头带要连结一台监测睡眠脑波的机器，现在有云端可以直接连结智能型手机，原来的机器就会被取代。以前，逢年过节是电信公司通讯收入的最高峰，现在被通讯应用软件（What's App、Line、Skype）等瓜分市场，查号台流量也因Google强大的网络数据搜寻功能而大幅降低。

当你在分工的某一环节里站稳利基之后，最好能进行水平整合，快速通吃市场，因为软件第一名的市场占有率60%到70%，第二名是20%到30%，尤其是APP这种收费便宜的微服务。自由竞争的世界，你能做，别人也能做，使用者如果已经习惯，比较不会跑掉，所以要快速掌握市场，达到经济规模，当你先做出量来，后进者如果要跟，成本一定比你高。

以电子书为例，对消费者来说，电子书出版商是最后的服务提供商，亚马逊网络书店（Amazon）提供电子书下载的微服务，它掌握了最多内容，有最多喜好它的全球客户，坐稳全球电子书龙头宝座，除了有自己的平板阅读器Kindle

之外，亚马逊电子书服务也可以在iOS、Android、Blackberry OS、Windows Phone 7等其他系统运作，这就是快速通吃市场的水平整合实例。

☺ 在云端里，台湾的机会是端，做端不只是研发新载体，而是观察消费者的生活形态

未来，装置的功能会越来越强，越容易使用，也会越来越便宜。装置就是端，端是台湾最大的机会，我们有全球最好的ICT产业，以个人计算机的基础做端，绝对没有问题，实际上，苹果、亚马逊、Google要做"端"，没有一个不在台湾做。

云端服务改变的是生活形态，通过各种多元化装置，创造不同的生活形态，所以做"端"不只是研发载体的思维，而是观察消费者的生活形态，更不只是创新"技术"，而是创新"生活"。

换言之，你在思考技术与服务的背后，其实是要满足消费者的某部分需求，结合他们的生活，创造独特的使用者体验。改变习惯是最难的，要取代原有，新的就要有吸引力，如果消费者还要学习半天，就不会接受。iPhone就是成功创

造了对消费者吸引力的例子,让使用者愿意改变习惯。

台湾地区能做端,却没有条件与能力做云,因为市场不够大,云这么大的巨架构很复杂,相对来说要有很大的市场才能做,美国的创意跟整合能力都有,所以能做云。当年,我们创业时,做了很多中文计算机的应用,但因那时中文计算机市场太小了,后来成功的小教授一号就是先做成学习计算机用的工程计算机,因为全世界千篇一律,才能有量。

不过,等大陆市场慢慢成熟后,就可以解决台湾先天市场规模不足的问题,能把整个大中华市场视为本土市场,而台湾就是最佳的练兵场。因为端在台湾,成熟度比在大陆高,通过台湾实践经验,开发全球化产品,创新风险比较低,商业化实验的效率也比较高。

第15章　创新与纪律双融

> 真正有纪律的人做创新，反而比较容易创造出价值，因为能够彻底执行。

我发现，不少人对创新不甚了解。许多创意因为可行性不足，无法执行，或是在投入许多资源后，却发现创意无法创造价值，不被市场接受，最后让人倾家荡产。

如果能对创新的定义有正确的了解和认知，比较能专注到对的方向，不致多走冤枉路。从表面的字义来看，很多人可能认为，创新就是创造新的事物，只是这个认知是有偏差的。从商业层面来看，创新不仅仅要具有新的创意，还要有执行力能够落实，并为市场及消费者创造价值。

创新需要有市场。我常说，市场为创新之母，因为创新需要做实验，也要承担风险，如果市场规模较大，一旦创新成功，相对报酬较高，回收较大，较能补偿创新带来的风险，也较能激励大家勇于创新。

大市场由于竞争激烈，企业更需要借由创新来提升竞争力，这也成为追求不断创新的动力。同时，由于在大市场报酬较高,较能吸引全球人才、外界资源。这也是为何美国的创新活动较多。台湾地区早期就是因为本土市场规模小,加上国际化能力不足,只能通过跨国企业帮台湾掌握国际市场,发展这种以代工制造为主的经营模式。代工制造厂商专注在降低成本,其创新在于对降低成本有独到之处,且其创新也要品牌客户愿意买单,否则会提高成本。

台湾未来要往前走,非创新不可。现有的产业基础唯有创新才能与竞争者有差异,新的创业者也必须借重现有的优势产业,找寻创新机会,这样成功率会比较高,可以说是鱼帮水、水帮鱼的共生循环,共同目标当然就是创造价值。

☺ 创新与纪律是冲突的,两者双融是管理的最高境界

想创新,要先问创意的价值在哪、能否落实?再伟大的创意,做不出来还是等于零。我一直认为,真正有纪律的人来创新,比较容易创造出价值。因为有纪律,会让创新走在正确的方向上,而且能够彻底执行。

大部分的人可以执行,但只有少数人能够"彻底"执行,这就需要纪律。因为创新的过程中,需要不断突破瓶颈,一

路建立起竞争障碍,才能创造比别人高的价值。如果是没有纪律的创新,最后会发现,结果往往是浪费时间,懊恼不值得,早知干脆不做。

有创新能力的人要学会纪律,而只遵守纪律的人要想办法寻求突破、跳出框框。所谓的框框是指过往思维的框架,这是无形的疆界(boundary),尤其是人都有思考的惯性,会习惯复制过去的经验,创新的动力往往来自不想受限在原始框架里。所以,习惯守纪律的人要懂得反向思考,刻意丢掉"原来的想法",开始思考"还有什么想法是跟既有思维以及与别人不同的"。

我从小是个乖小孩,遵守纪律,但我很不喜欢跟人家一样,"Me too is not my style"这句话跟着我一辈子,也变成我的人生哲学,一开始是追求研发技术的创新,到后来追求管理、思维上的创新。

从本质上来看,创新与纪律是冲突的,不过,在经营管理上,创业者、领导者不能认为是冲突。很多事情本来就是冲突管理,初阶是求取两者之间的平衡,进阶是让两种不同的思维、文化真正双融,这也是管理的最高境界。

创新可能是创造价值,也可用于降低成本。台湾高科技产业对全世界最大的贡献就是让科技产品普及化,全球消费者如今可购买到的个人计算机价格是在一千美元以下,而不是一万美元。美国发明许多创新的科技产品,台湾地区却能进一步让全世界的人能以合理的代价享受,让科技产品普及化,这对国际社会的贡献不一定比美国小,这也是一种有价值的创新。

不过,制造思维的创新会让未来的发展有隐忧,因为过去用的是往下压到底的思维,例如,把成本压到极限、人力用到最精简,但是在无形大于有形价值的知识经济时代,这种创新模式会变得越来越难生存。

我记得多年前,台湾官方第一次发表台湾十大价值品牌,那时我很纳闷为何品牌价值排名第一的不是Acer,而是趋势科技,这也让我当时马上想出了品牌价值公式(品牌价值＝"品牌定位"×"品牌知名度")。品牌定位不是看产品价位的高低,并非越高价越有价值,而是看价值减去成本后的价差。

产品无论是高价位、中价位或低价位,只要价值减掉成本之后的值越大,定位就越有利,越能创造品牌的价值。同样都是国际知名品牌,趋势科技是软件公司,只有研发成本,加上量大单位分摊后成本低,制造成本几乎为零,虽然其品牌知名度远低于Acer,但软件的利润远高于个人计算机,因此,它的品牌价值一度超过Acer。后来在Acer利润改善之后,品牌价值就超过趋势科技了。

社会与企业环境对创新能力的影响比学校更重要

很多人认为,华人无法像欧美人士那样具有创造力,要归咎于填鸭式教育,我们的创新能力因此被抹杀了,以致无法从制造的成本创新变成生活形态的品牌创新。

我的看法不同,社会与企业环境对创新能力的影响,扮演比学校更为重要的角色。为什么华人在台湾地区的环境中没办法创新,一到美国,就能投入创新,这是因为美国的企业与社会环境极为鼓励创新的风气。

更何况填鸭式教育并不完全只有坏处,至少学习者具备了基本的知识及能力。当心智发展成熟后,如果身处的企业与社会环境鼓励创新,大家自然有信心、投入创新。所以,环境是创新风气的关键。

我认为,既定不变的技术、需要背诵的知识,用填鸭式教育打基础并没有不好。例如,五线谱是音乐的基础,初学者要不要背?要啊!否则无法看懂琴谱,练好基本功,连美术都需要练习绘画技巧，才能让脑海的想象跃于画布上。

目前创新教育的问题并不是要全面推翻现在的教育方式，而是要增加开放式的应用，该背的要背下来。然后，提供环境，教人如何活用知识，而且要知道知识的应用往往没有标准答案，尤其现在是价值多元的社会，更要有多元应用的考题，像大学让人带书进场考试，就是很好的开放式教学。

数学公式是对错分明的硬知识，它有标准答案，但是，知识运用没有标准答案，我小学的数学应用题都考满分，应用题就是要你能够了解与活用。我常说，只要懂得Σ的道理，就能经营，Σ是每项加总的结果，在我脑子里，都是用小学所学的加减乘除做生意，从小时候帮母亲卖鸭蛋，到长大经营事业都是，我把这个隐形的算盘挂胸前应用了一辈子。

另外，教育的心态也很重要，是鼓励还是打击？是给动力还是给压力？

创新需要勇气，勇气需要自信。就我所知，在海外的教育，小孩是一路被鼓励上来的。我比较幸运，在被鼓励的环境下成长，小时候读完书、卖完鸭蛋后，就可以开始玩，我小学成绩是班上五、六名，后来考上彰化中学，成绩维持一二十名。彰中的同学都是来自各地的县长奖得主，我的邻居就是其中之一，可是他进彰中之后受到打击，失去信心。

我大学联考时第一次没考好，重考才考上了交通大学，但那对我已经不是打击了，因为心智已经比较成熟。我常在想，若是小学毕业没考上彰中，对我信心的打击应该就会很大。所以我认为，人在小时的成长是要靠鼓励，才能培养自信心，长大后，有足够成熟的心智才能接受打击，进而通过挫折更上层楼。

☺ 塑造渐入佳境的环境比较能够培养人才的创新能力

华人的创新能力普遍不足，大家都怪学校教育，我觉得学校、家庭、社会环境各要负三分之一的责任。

现在有太多直升机父母（指时时盯着小孩，像在上空盘旋不去的直升机），多元化的社会是行行出状元，台湾的考试制度会让大部分的孩子一路受打击，对自己没有信心，许多家长最常对孩子说："为什么没有考满分？"但他可能已经是九十九分了，小朋友是要通过鼓励，不断给他信心，才会不断成长。

不管是家庭对子女、企业对员工、社会对年轻人，塑造渐入佳境的环境比较能够培养人才的创新能力。

孩子在成长的过程中,十分需要信心,如果只是因为没有考到满分,就打就骂,长期下来,创意会不足,自信心也磨掉了,不如让他们海阔天空地成长,依照兴趣自由发展。

我从不会给小孩压力,就算成绩不出色,也不会勉强他们要冲到名列前茅,而且,很鼓励他们发展自己的兴趣。像我的老大曾拿到北区大专民歌比赛第一名,老二曾在高中拿到台北市举办的遥控飞机比赛季军与线控飞机比赛冠军,他们从中得到成就感,我也替孩子感到开心。两个儿子在校成绩都是中等,老大考上泰山高中,后来念再兴,老二考上中正高中,我觉得没关系,只要孩子的自信还在,长大懂事之后,自然会追求理想。

后来,两兄弟分别念了台湾辅仁大学应用数学系、淡江信息管理系,当完兵后,他们开始想念书了,决定出境留学。老二取得密歇根大学企管硕士,老大更出乎我们意料,拿到南加州大学电机博士。老大在毕业回台后,曾经投入软件领域自行创业多年,后来在信息安全软件领域的公司就业,后因宏碁并购美国发展云端技术的公司,延揽他协助整合双方的技术与人才;老二则对运动营销领域有兴趣,也自行创业多年。

我自己也是"小时不了",很爱玩,尪仔标①、射橡皮筋,甚至赌钱,样样都尝试。高中时,还以补习为由,北上"流浪"一个多月,结果是去看纪政、杨传广比赛,到儿童乐园听歌、泡茶。念交大之后,玩的时间比读书的时间还长,我是重考生,年纪比较大,很容易在班上、宿舍里带头,但不是带头读书,而是带头玩乐,我创办棋桥社、摄影社之外,还担任桌球、排球队队长。

企业也是,经营要能永续,就要不断创新,累积新的核心能力。一个鼓励创新的企业文化,领导人不会鼓励一窝蜂(me too)的做法,而是强调民主,因为创新的过程是要集结众人之力,团队合作,更重视授权,容许员工犯错,让人才有充分的发挥空间,这些都是打造创新环境的关键因素。

尤其是对失败的容忍度有多大?对创新型组织的领导人,包容性格外重要,如果要求员工不能犯错,这家企业一定很难永续成长。不容错怎么创新?不创新如何成长?我自己就是从很多的错误中学习。

培养创新人才要有两个认知,需要钱与时间。钱是指因

---

① 尪仔标是台湾孩童小时候经常会玩的一种纸牌,纸牌的外观为圆形、直径约6厘米左右,上面往往有许多卡通或游戏的图案,有许多种玩法。

为尝试错误所缴的学费,很多事光是上课或看书是无法学到的,如果没有实际被"烫过",就是学不会。时间是指创新本来就会面临很多的未知、挑战,需要充足的时间让人才有所历练。

在宏碁内部有鼓励"成立新创事业部门"的文化。如果看到新机会,会鼓励同仁内部创业,成立新事业部门,待能力成熟,业务稳定之后,再脱离母公司,独立为新公司。新事业在发展初期,资源不足,如果能够获得集团的奥援,成功机会比较大。

☺ 开放终将胜出

另一个塑造创新环境的重要因子就是开放,这就是为何我会跟Google执行董事长施密特(Schmidt)说,开放终将胜出,因为知识经济打的是生态之战,不只是公司跟公司的战争。

假设产业生态有十个分工,如果是封闭式创新,像苹果,虽然通过合约把零组件厂商划进苹果圈圈的一环,但是,创新单靠苹果一家,等于是一个人要烦恼十件事。开放式创新是整条产业链共同创新,系统建立业界标准,像Google的Android系统、Windows系统,让这十个分工各司其职，创新价值，每个分工同时又有好几家业者竞争，有效竞争能够降低成本，等于是很多人一起做这十件事。所以，我敢大胆预言，如果单从个人计算机产业的"端"来看，苹果未来的市占率不会超过30%，这还是要它能够不断创新的前提之下。

尤其是偏向标准化的产品，长期来说，开放式创新绝对会赢过封闭式创新，也只有开放平台，才能够刺激更多的创新参与者加入，因为最后比的是谁能为消费者创造最多的价值。

☺ 运用自己的独特条件，创新自己的典范

随着韩国在国际上的崛起，常有人问我，台湾地区的企业是否应该向韩国企业学习？我想先分享一件让我至今印象深刻的事。1990年初期，我与国际管理大师彼得斯（Tom Peters）拜会李登辉，彼得斯那时说："我喜欢当台湾的行政首长，而不是韩国的总统。"

他解释，如果他是韩国总统，晚上会睡不着觉，因为会担心若第二天哪个企业财团一垮掉，整个韩国就垮掉了；当台湾地区的行政首长就不必担心，台湾地区中小企业多，规

模分散，就算单一财团倒闭，冲击相对有限。

这位管理大师一语道破两边企业结构的不同。从创新的角度来看，日韩大企业垄断所有的国家资源，创造了三星这样的大型企业，长远来看不利于创新。因为新创企业不易发展，好的创新环境很重要，其中一个关键就是民主——人人平等有机会，当一个社会能给年轻人、新创事业有更多的空间与机会，创新、创业的活力自然旺盛。

宏碁在全球的组织运作可说是一种创新的典范，这个典范是来自本土市场规模太小，在发展过程不得不架构出一种新思维，与欧美日韩的发展模式都有所不同。这个独特架构是全球的人才在组织内都是平等、无国界的运作，不像日本公司运作以日本人为主，美国公司运作以美国人为主的本位主义，如果宏碁学欧美日韩的企业模式，又要与其竞争，结果一定行不通。

☺ 身为开路的创新者必须有快速建立滩头堡的能力

当你找到有价值的创新题目，并成功开出一条路来，接下来就必须尽快拓展出一个市场，先冲到相当的量，有了滩头堡之后，便可开始建立王国。王国再小都没关系，但要有自卫与攻击能力，才能永续发展。

　　自卫能力就是盖堡垒，也就是筑起竞争障碍，越高越好，可能是文字、区域的障碍，如中文市场或亚洲地区的领导者，或者是规模障碍，比方会员数达好几百万人，这样才不容易被吃掉。像我创业时，也是一面走，一面盖堡垒、设障碍，建立王国永续竞争力。

　　攻击能力是为了能持续发展，创造永续竞争力，可能是另外建立不同的王国，或是发展联邦合众国。

　　攻击要有经济效益，如果没有赢的策略，宁愿不要进攻，不是在台湾地区做得很好，就一味前进。比如从中文市场进入英语系、中东国家，结果却因为不够了解，形势超过所能掌控的范围而可能得不偿失，这样倒不如授权或是找当地的合作伙伴。授权很像卖武器，让别人去建立新王国，这些不同的小王国再变成联邦合众国。

　　基本上，创业会有两条路，一条是大家都想走的康庄大道，由于目前服务提供商的能量不足，市场供不应求，所以仍有机会加入；第二条是原有的产品或服务无法满足消费者，需要开拓全新市场，所以你得走一条没人走过的全新道路。

如果选择第一条创业路，在往成功迈进时，路上会有前人设的地雷。走别人走过的路不见得比较好走，甚至更吃力难走，创业的过程中本来就要面对许多未知的挑战，经常需要边做边学，还要避开别人设的堡垒、障碍。

所以，我才会一再强调，不要走"me too"的路，做一位开路的创新者比做一位追随者成长更持久、气也会更长。

第四部
做个微笑 CEO

"权力"对世界说:"你是我的。"于是,世界把它囚禁在它的宝座;"分享"对世界说:"我是你的。"世界笑了,回报给它无限的自由。

施振荣相信人性本善,就算历经挫折、磨难,脸上永远挂着笑容,坚持做着利他的事。好几次发生重大危机,他也曾累到在电梯里昏倒,最惨淡之际,公司内外都说宏碁快垮了,不少人更笑他傻,一位领导者怎么会相信人性本善?

他,其实是最聪明的"傻子",看远不看近,不因小失大。因为知道,若凡事利己为先,则无法永续,最后自己也会吃亏;因为清楚,恐惧会让人想紧抓一切,结果失去自由,爱则会使人张开双手,反而拥有更多。走过人生大半,累积无数历练,施振荣验证了己所欲,施于人,利他才能永续利己的管理哲学,当有求于世界,先分享给世界,当有求于人,先分享给人,在他身上看到了付出的力量。

他,以利益共同体化解本位主义,用师傅不留一手取代大权在握,所以,宏碁从台湾小公司成长为世界大集团,更培养出泛宏碁集团许多顶尖的管理者与新世代人才。

他,懂得拉开与情绪的距离,待人接物绝不先批判,因为批判无法转化成建设性的力量;他,把相关利益者视为一体,与人为善,以和为贵,用王道作出最有利的决策。

成功是谋求自己的利益与发展,成就却是谋求众人的。如果你对不顺应主流就会被淘汰的价值观不以为然,如果你对想出头要拼第一、最聪明伶俐的人才能成功的思维感到受限,那么,施振荣的观点让你看到更多的可能,发现人生微笑的关键。

他不是聪明的第一名,也没有王者无敌的锋头,亦不跟随主流,却能创造出一番不凡的成就。他说,自己跟一般人一样,追求名利、快乐,人生以享受为目的,为了享受的自身利益更要奉行利他原则,否则只会事与愿违。

人生的情境只是舞台的布景,无论身处何种,只有自己可以决定情境的意义。只要懂得做个微笑CEO,不论是管理企业,或是经营人生,在成就众人之际,也能创造出自己的最高价值。

第16章 决战未来的王道竞争力

当出发点是从社会责任开始，考虑所有利益相关者的权利，思考点本身就已经围绕王道了，这也是未来领导者要具备的思维。

很多人找我分享经营管理心得，其实，我的道理都很简单，出发点也很单纯，可以说是"吾道一以贯之"，这个道就是我这两年一直在强调的王道精神。

我的创业人生，与其说是我做了选择，倒不如说是老天安排，若不是为了不想让台湾错过微处理机的技术应用市场，若不是为了一群穷小子突然失业了，我可能不会动了创业的念头（见第1章）。

我的管理哲学是相信人性，享受大权旁落，我相信员工，也不把面子放在第一位，而是鼓励他们超越我。从当领导者的第一天开始，我经营企业就是秉持着诚信、透明、公平、负责这四个原则。在小区住了大半辈子，退休后才敢大方出来散步，从前上班时，心思都在公司，很怕股东骂我工作不认真。

做品牌要开拓海外市场，我很早就提出要当世界公民的想法，每到一个地方，就要融入社会，成为当地的公民，借重当地人才，善尽社会责任，如此企业才能受到尊重。

后来，我发现这些之前想通的道理，此生坚持的原则原来就是王道精神。

如果没有王道精神，组织很难永续经营，个人也不容易找到安身立命的方法

我不是为了自己想赚大钱而创业。一开始，我们有七位合伙人一同创业，其中我和我太太持有的股票约占50%，后来有两位合伙人离开，他们的持股在过程中也有些异动（均由公司的同事接手），其中10%的股份由公司买进，为了鼓励对公司有贡献的经营干部，以买进价格打八折卖给了他们，因为希望他们把公司当作自己的来打拼。吃亏就是占便宜，结果为公司赢来更多优秀人才。

我遵守公司治理，决策会考虑所有利益相关者的权利，不只要考虑股东利益最大化，还要创造所有企业相关者，包含客户、员工、股东、经销商、供货商、银行，以及社会、自然环境的利益，维持生态平衡，这样的商道本身就已经围绕着共存共荣的王道。

我的思维很简单，当我保护了所有的利益相关者，对

第四部 做个微笑CEO

他们有利,我自然也受益。站在经营者的立场,投资人跟我一起分担风险,所以决策时要以整体利益为考虑,与所有董事、经营团队集思广益。如果不能兼顾其他人的意见,决策不仅容易有盲点,一旦造成公司损失,想要大家共体时艰,他们也不会愿意,因为已经不信任与支持你了。

经营海外市场,让利就能利己,既然到人家的土地发展,就要把自己视为当地的一分子,将部分利润回馈当地社会,消费者也会尊重这家企业,提升品牌好感度,如果只占当地便宜,这是不王道的,也是不会被支持的。

王道精神的核心内涵是创造价值与利益平衡,也就是,一个组织为追求永续发展,就要不断创造价值,让所有的利益相关者感到满意及平衡,因此不只考虑有形价值,也需计算无形价值。

比如,企业的所作所为是否能为社会带来幸福、快乐的正面影响力?如果以创造价值为目标,微笑曲线是一条说明产业附加价值的曲线,王道是利益平衡才得永续的基本精神,两者相辅相成。

不论是企业管理、创业创新、人生哲学,我的中心思想就是以创造价值为目标,思考能为社会作出什么贡献,以及能对世界带来何种价值,但这需要建构在王道精神的基础上。我一直坚信，人生与企业，如果能选择，应该走一条利他的道路。活到现在，经过风浪，越来越觉得利他真的是永续的利己，如果不这样，组织很难永续经营，个人也不容易在世上找到安身立命的方法。

领导者存在的意义，就是建立一个利益共同体，创造平衡的生态

资本主义是利己大于利他，会使企业重视短期获利与个人绩效，经营策略与思维变得很霸道，竞争到最后，陷入不是你死、就是我活的零和赛局，因为一方的收益必代表另一方的损失，在竞争之下，想法子损人利己。

之前的雷曼兄弟结构债风暴就是利己大于利他的贪婪后果。从金融高阶干部一路到理专、客户，每个人的出发点都是利己。我记得金融危机发生前的两三年，有次回鹿港老家，听到人家在讲有个利息保证7%的金融衍生商品，当时我一听就觉得不可能，天下没有白吃的午餐，哪有坐在家里，就有高利息掉下来的事？现在的世界充斥着贪婪，产生贫富不均、所得差距悬殊的问题，就是西方思维的盲点。

大道之行，天下为公，这个道理已经有很多的思想家、

宗教家、实践家都说过，组织唯有让所有参与者的利益平衡，才可能有永续的力量。

如果一位领导者或某政党掌握了执政权，却只想到紧抓权力，不行共存共荣、以德服人的王道，把包含老百姓在内的社会相关者当成利益共同体，为台湾地区创造价值，长久下来，生态就会不平衡。当然也有人会说，没有权力，怎么为社会创造价值？任何一个建设性的角色，都可以创造价值，不是只有执政者才能创造价值，重点在于是不是从利他的角度出发。

实际上，生态会不断调整，走向平衡，本位主义者长期而言是占不了便宜的。在不平衡的情况下，尽管你此刻享受成功甜果，但很可能是进入下一个恶果的开始，所以要及早调整，不是自己换脑袋改变，就是别人来帮你调整。

太自私的结果只是自己为难自己，因为社会的运作就是让大家参与、共同创造价值的过程。如果想要组织的每个人都能贡献智慧，就要利益平衡，否则团队的力量无法发挥。

每一个人也要管理自己的利益、欲望，了解付出才有收获，想获得越多，努力就要越多，想多分一点，贡献就要多一点，这种平衡才是真平等。如果碰到本位主义很重的一群人，该怎么管理？领导者存在的意义就是要去沟通，最好的方法就是走东方的王道，建立一个利益共同体的制度，创造平衡的生态。

制度要能永续发展，就要不断调整运作机制。领导者若从王道的角度切入，可以从六个面向的总价值来考虑，这就是我提出的"六面向价值总账论"，分别是有形／无形、直接／间接、现在／未来，思考价值与成本在这六个面向的相互影响，找到一个动态的平衡，让制度永续。

此外，平日就要特别注意，避免不平衡因素的形成，一旦出现，领导者应该着手调整，因为它们会累积，日后会影响系统运作效益，生态出现失衡现象。

像台湾健保为社会创造价值，提供民众医疗保障，只不过收支早已无法平衡，却没及早调整机制，现在面临无法永续的难题。从王道精神来看，调整机制的关键就是让生态的所有利益相关者感到平衡，包括全民、病人、医院、医疗从业人员、药厂等所有参与者。

健保是全民皆为利益共同体，如果健保因财政危机无法永续经营，这是令人遗憾的。贫与病的问题对整体社会的影响层面最广，一个人生了重病，很有可能拖垮背后的家庭、家族系统。

要解决健保收支不平衡的问题，就需要从"开源节流"两个角度来思考：在开源方面，需要增加保费的收入，我提出的"全民健康福利税"就是希望官方能设计新机制,让所得在某一门槛以上的富人"享受牺牲",多缴一些费用,既为了自己的健康,让健保能够永续,也可以多贡献社会,照顾弱势,何乐不为?而且,官方只能将全民健康福利税捐用于健保体系,我相信,有钱人很愿意尽这种具体的社会责任。在节流方面,则要控制医疗成本及药品的支出及病人浪费医疗资源的情况,这可能要从儿童教育开始着手。

虽然制度的调整势必会影响到许多人的权益,不过为了让生态再度平衡,大家要建立"调整也是为了让健保制度永续"的共识,为了维持健保制度,大家不能只站在自己的利益来思维,而应该要以更大的格局来看待这件事。

此外,总额给付造成医疗体系失衡,基层医护人员负荷过重,各科别风险、挑战不同,报酬却相同,人的行为会受机制影响,这些都是形成生态失衡的因素,都要尽快调整。

☺ 不行王道,行霸道,当生态无利可图,大家就无法永续

一个企业独大时,也要行王道,我对Google、微软都这么说过,当生态无利可图,大家就无法永续。只要生态不是

平衡的，总会有人一有机会，就想要改变，产生变革。

Wintel的机会也在于是否行王道。如果想要有更大的影响力，挑战现有平板霸主苹果、Google阵营，就要让所有共同创造价值的参与者，利益能够平衡。

宏碁在2005年晋升兰奇担任全球CEO（兰奇于2011年离职），刚开始几年他做得很好，但后几年面临苹果崛起，智能手机、平板计算机冲击个人计算机市场，以及欧洲经济不振，品牌陷入困境。我后来检讨原因，发现关键就在于行王道或行霸道所导致的不同结果。

2000年时，宏碁把自己的利润压到最低，让利给渠道合作伙伴，在全球复制"新经销模式"，完全不做直销，连大企业订单都让给经销商去做，专心冲刺创新研发、设计、营销、服务的品牌事业，由于遵循王道精神来经营企业而得天下，与合作伙伴建立长期的互信、互利关系，分享利益，让Acer跻身全球一线个人计算机品牌。

可是，面对市场后来的剧烈变化，原本遵循王道精神的兰奇偏离了这条路线——后头对渠道塞货，前头向供货商砍价，没有思考生态平衡。西方的价值观是重利文化，凡事讲求股东权益最大化，领导人出现偏差思维，以为没替公司和自己赚很多钱就算失败，很容易变得霸道，因而忽略企业长期的发展及利益相关者的平衡；东方的王道精神是兼顾生态里的所有利益相关者，达到均衡，为社会作出贡献，企业因而能永续发展。

永续至少要以50年、100年为单位来看，不能单从利己思维出发。全球现在最害怕的竞争对手就是韩国，担心它持续做大，无人能敌，就王道思维的角度来看，韩国势力只能称霸一时，无法永续。

1997年亚洲金融风暴过后，韩国政府要三星专心发展3C电子产业，国家也给了很多资源，他们成功的企图心很强，有长期的承诺，投注很多的资源在研发、设计以及培养品牌方面，因为有前瞻性投入，现在拳头大，很多厂商不得不跟它合作。

但是，国际社会不是只靠大就能赢，理论上要满足所有参与合作的利益相关者，而且生态的发展不能只靠拳头，要靠朋友。韩国很重视私利，不是行王道，30多年前，韩国要我帮他们设计终端机，那时我就拒绝，因为它们的出发点都是自利，不讲道义。

我的看法是，这样不平衡的生态总有一天必须调整。如果韩国自己不调整，对外，它会发现长期过于现实，与所有人为敌，其他人会联合起来，一起创造新的价值；对内，社会发展会失衡。

有段时间,韩国罢工很多,国家资源独厚大集团,很多中小企业被压缩到没有空间。我认识一位在韩国做个人计算机的董事长,他的企业在早期发展个人计算机比三星、LG更成功,那位董事长在产业界非常有分量,后来被大企业集团挤压,最后连他也从市场上消失。

先不管大家认不认同这样的生态,但韩国与日本的社会文化都出现了这个现象,它的确让多数人没了创业的希望。我们希望将社会的资源集中在少数几家大型企业,还是让社会多元发展、百花齐放?一个国家应该让大家都有机会,还是让少数人垄断机会?大企业对中小企业的照顾是否符合王道?这都是值得深思的问题。

☺ 竞争在王道思维里要较量的是谁能创造更多的价值

不过,企业讲求王道并不是没有竞争,也并非不以赚钱为目标,假使用了很多社会资源,最后却是亏损,这是不王道的,而是浪费资源。

竞争在王道的思维里不是争你死我活,而是比谁创造更多的价值，也就是谁对世界的贡献比较大。虽然美国发明了IT科技，但借重台湾这个全球IT产业的集群，让IT新科技可以最快的速度应用，加上台商降低成本的优势，让IT产品的售价得以降低，进而让IT产品普及化，造福更多人类，从这个角度来看，台湾地区对世界的贡献并不比美国小。

实际上，企业在商业环境里，竞合同时存在，若坚持不跟合作伙伴竞争，也有一定的困难，企业为了成长，必须扩张，原来的合作伙伴因而会有不同立场。

我的做法是不要从自己一定要赢的角度来看事情，要考虑合作对象的立场。如果未来发展会跟合作关系有所冲突，也不要在过程中伤害别人，把合作关系弄清楚，要有道义，不能我要你的东西，却不给你我有的，用台语白话讲，这是做人没有"互相、互相"。

同样地，对大陆有的，而我们没有的，需要借重对方；对台湾有的，而大陆没有的，我们要发挥整合的力量，一起创造价值，能够"互相、互相"，才有利于长期竞争力。

有时，原本并肩作战的朋友，开始不得不有所竞争，这种情形时常发生在新创公司成长为大企业之后。初期，双方都是小公司，结盟发展，当大家翅膀都长硬后，可能因为策略的改变成为竞争对手。王道的做法是尽量取得合作伙伴的理解，如果对方不认同，也要讲明白，光明正大地竞争。

创造新的价值，需要全球思维。台湾整合硅谷能力比大陆强，但这个相对优势只领先五年，所以，台湾在整合全球资源上要更积极，能力也有很大的进步空间。因此，领导者要认知到，王道是使竞合常态能够维持平衡及永续经营的最佳策略，现在的国际社会越来越需要懂得顾及大家的利益，做个可被信任的合作伙伴。

有远见的策略会以王道精神为基础，创造价值。当出发点是从社会责任开始，考虑所有利益相关者的权利，这样的思考点本身就已经围绕着王道，这也是未来领导者需要具备的思维，不要再走西方资本主义的霸道，也不要学韩国重视利己，追求独大的思维，那都不会长久。

我之前思考宏碁集团的发展，每次的再造关注的都不是个人、少数人，而是整体思考，因为大家的利益都考虑到了，这样积聚的力量才会强。

该不该行王道？从历史就可得知，秦始皇统一中国后，暴政独裁，最后生态不平，导致灭亡，汉唐能够开创盛世，就是让生态利益平衡、社会安康。现在的世界状态很像春秋战国时代的氛围，如果说21世纪是中国人的世纪，那么决战应以中国人对人类的贡献是否最多来衡量，要用王道精神来创造价值与竞争力。

无论是个人、组织、企业或是国家，如果目标是永续，就要坚持共存共荣的王道精神，谋求众人的利益与发展，建立利益共同体。先从利他出发，其他利益相关者也会因为能够互蒙其利，回过头来成为发展的助力。

你想要做哪一种领导者？是在主流的零和游戏中，陷入胜者为王、败者为寇的势力消长，辛苦拼得你死我活，还是走出一条让很多人可以永续成功，讲求诚信、公平的王道之路？

第17章　做对决策的关键

很多领导者担心无法做对决策，我自己是从利他出发，相信人性本善，同时绝对授权。就算失败，一定要有认输心态，放下面子，也就多一次反败为胜的机会。

决策是每位领导者主要的工作。企业经营的决策会有失败的风险，一位领导者在面对失败时，一定要有认输的心态，如果不认输，很难打从心底面对错误，彻底检讨，重新拟定策略，如果肯认输，就多一次反败为胜的机会。

我走了一生的创业路，不知面临过多少次失败，这些大大小小的失败，的确带给我许多教训，也累积很多的经验。华人文化会把面子看得比什么都重要，硬撑的结果是错失改变的良机，不知不觉地把"命"给丢了（毁了公司或法人的前途）。

认输的当下，等于放下面子，这也是为何我会说"认输才会赢"、"要命不要面子"。许多事情坏到无法收拾，公司也被拖垮，都是领导者为了面子问题不肯承认失败导致，一步错，步步错。

☺ 肯认输，不要面子，不是连带把信心也输掉

肯认输，不要面子，代表接受过去的决策需要改变，但不是连带把信心也输掉，失败只是迈向成功的过程，尚未找到做对的方法而已。

很多时候的决策是不得不的选择，这反而是很容易做的。当初在打品牌时，因为我们不是美国公司，没有能力走美国公司的路、不能用同样的方法，就不得不采取其他策略，所以宏碁一开始是用"乡村包围城市"的策略。

我很清楚我不做跟随者，因为这样不但不会创造新价值，还会造成市场供过于求，四大"惨"业就是如此（DRAM、面板、太阳能、LED等产业因市场供过于求，导致价格不振）。在市场供不应求时跟着投入热门产业，短期虽然能分享利润，但之后会引来更多人一窝蜂跟进，造成供过于求的惨况，最后拖垮整个产业的生态发展。

去掉"me too"的选项之后，我不得不做其他选择，我的经营策略和欧美日都不同，这样我才有胜算。全世界的管理学都是向西方学的，产业发展的经验也跟日本学习，但我在了解他们的做法之后，都会加上自己的想法，因为我们的文

化及发展情况跟他们不同。

我的所有决策都会根据当时的客观环境、分析结果，并广纳其他人的意见，一旦决定，就是勇往直前。如果事后失败了，也不用责怪自己判断错误，我的能力就是这么多，只要事后仔细分析失败的原因，并从中学习，我不会怪父母没有把我生得更聪明，也不会怪别人，这就是决策时的客观环境。

当已经对现实与能力进行分析，周遭人也参与决策，成了，就是成了；败了，就是多一个教训。组织和我都学到经验，从教训中提升能力。天下绝对没有一样的问题，你认为一模一样，实则不同，时间不一样，环境也不同了，领导者只能把组织变成学习型组织，消化、学习过去的经验。

企业的成长是这样的：每当到一定的规模后，随着时空环境的改变，以及各种资源及能力的限制，企业就面临成长的极限，成长开始趋缓，或是出现下滑，所以，企业成长曲线会像是多个S组合而成（图4-1）。从S曲线来看，成长到了一个转折点，如果领导者可以主动改变，企业就会再次展现高度成长的动能，直到面临下一次的成长极限。

改变，等于是领导者要先自打耳光，率先打破过去的成功模式，可能是调整，甚至走相反的方向。宏碁的再

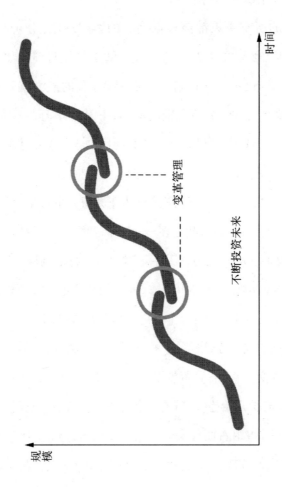

图4—1 企业多S成长曲线

造也是我不要面子，重新检讨自己以前讲得头头是道的策略。

其实，领导者能放下面子，反而代表有自信，能够承认失败，重新再来。公司业绩下滑是大家心知肚明的事，领导者本来就要负最大责任。换个角度想，不怕丢脸，先打自己耳光，等于是为自己找台阶下，自己打，也才会知道出手会不会太重，组织能否承受得起。

☺ 当不景气来临时，领导者要先进行资源管理，把气保留下来

大环境的变化向来是领导者要面临的挑战之一，尤其不景气来临时，更是考验领导者的决策能力。在关键时刻如何带领组织度过，以2007年全球金融海啸为例，一波接着一波来袭，当时谁也无法预期何时会结束。

当不景气来临时，领导者要先进行资源管理，思考原本的投资计划是否要踩刹车，让资源先不再外流，暂停让企业"耗能"的动作，把气保留下来，再来思考如何带领企业度过不景气的难关。

在资金的决策上，我有个"企业过度借钱扩张必倒"的

理论，而且缺钱时，应先从内部找资源，到外面找钱反而是下策。

经营企业不能只看到未来的机会，也要考虑到潜在的风险，如果过度扩张信用，一旦失败，日后要东山再起的机会比较困难，最好不要以借贷作为成长的动力。如果有极好的发展或是投资机会，不得不以借贷来扩张规模时，也一定要考虑到自身的偿债能力，否则一旦遇到景气紧缩，超出能力范围，立即会对营运造成冲击。

当企业资金吃紧时，一般人会想到从外面筹钱，我的经验是从内部找钱才是上策，宏碁也把对内找钱变成企业文化的一部分，从资产负债表检视资产的合理性与有效性。例如尽快收回应收账款，或者用应收账款融资；检视公司内部资产报酬率，评估低报酬率资产处理换资金的可能性；近期所有的投资计划暂缓，以免扩大缺口。

现实中，会有很多企业将营运资金用来操作汇率或衍生性金融商品，有时会赚得意外之财，但稍有不慎，也可能大亏损，对企业营运造成极大的风险。宏碁以前在汇率上吃过亏，经过教训后，就是百分百避险，我们只赚本业应得的钱，不赚这种财务操作上的钱，不过这需要管理的纪律才能落实。

☺ 不要因为害怕遇人不淑就对人性本善失去信心

经营企业就是在经营一个可赢利的模式,让所有参与其中每个环节的合作伙伴,都能发挥各自的独特价值与定位,分享利益,如果一个事业的经营模式只有自己赢利,必然不会长久,最终没人会愿意一起合作,反而什么都得不到。

实际上,世界是有利于愿意分享的付出者,我才会说,利他是最好的利己。如果要让你的利己能够永续,不用担心随时会被破坏,那你的利己就最好建立在利益共同体上,与别人的利益与共。

相信人性本善就是利他利己的管理哲学。因为相信人性本善,领导者会尽量授权,如果不授权,什么都自己做,先把自己累死,绝对是死路一条,再来,公司无法交棒,也是死定了。

授权有可能遇人不淑,吃亏也没关系,只要能够汲取教训,下次学乖就好,至少这是一条活路。可是不授权,累死自己一定是死路,我当然选择赌有活命机会的授权。

其实,授权虽然是赌人性,但胜算几率比赌博更大。十赌九输,赌局设计本来就是让庄家赢面最大,在我看来,连创业的胜算几率都比赌博大，赌事业、赌人性的过程中可能有输有赢，只要赌本还在，坚持下去，最后就会赢。但是，大家反而有勇气去赌城一掷千金，却害怕赌胜算更高的授权、创业。

况且，我授权给别人，别人做出来，我也有功劳，这有什么不好？如果员工做错了，虽然我要负责，不过人才因此有了经验，下次就会做得更好。

相信人性本善的授权体系，可以把人的潜能发挥出来，有权利的人自己就会负起责任，拼命做好。若很负责，但是能力未及，就当作替人才缴成长的学费；万一不幸所托非人，既不负责又不做好，他不要这个舞台，还有其他的人等着发挥所长。

管理不是把员工当作坏人而设下许多制度规章，信任的环境才是人才发挥创造力的基础。相信人性本善与管理制度并不冲突，领导者只需管理人性的盲点。每个人都有盲点，比如说贪心、先为自己着想、爱面子，从外头来看是盲点，实际上，只是人性，并非善恶的区别。

领导者要做的是预防盲点的管理制度。创业初期，宏碁往来的对象都是官方机构、学术单位与大型企业，放账（先出货，后收账）的风险不大，后来建立经销体系，开始有倒账的风险,于是管理制度就要预防盲点的发生。当时公司规定经销商要根据其公司规模与财务情况,配合适当的抵押,给予一定的信用额度,当超过额度就要用现金交易,外销业务也一定要有信用状或银行保证,否则绝不放账,这样的做法让宏碁被倒账的比例比同业低很多。

但是,员工难免为了争取业绩而抱怨,别家公司都放账那么多,这样很难拿下订单。员工的心态没错,我那时在内部建立清楚的认知,公司经营的心态不在追求大,而是追求稳健的订单,让大家知道慎选客户及订单的质量比冲量来得重要,有时宁可牺牲订单。因为只要被倒一次账,就不知要接多少订单才补得回来。

☺ 领导者要为每个人创造舞台

同侪天生就是竞争,每个人的个性与意见也不同,在公司内部本身就会有斗争,兄弟也是如此,这是很自然的情况。因此,CEO最大责任就是要为每个人创造成长与表现的舞台,宏碁的内斗相对较少,因为我很用心安排人才的表现舞台,让大家斗不起来。

在企业内部,同侪之间抢表现、争功劳是理所当然的人性，从好的方面来说，也是值得鼓励的，但我不鼓励互相拉扯，去讲别人的不好，去批评别人的意见。通常，我会故意听不进去，甚至只是微笑倾听，不做任何反应。

不过，我经营企业强调团队精神，如果因争表现，导致不互相配合，对公司的发展不利，我会晓以"大利"，让他们了解彼此是利益共同体，大家合作才有利可图，不合作会有损失。晓以大利之后，若仍无法让竞争的同侪勉强合作，在可能的情况下，我会另外安排适合的舞台，让他们可以各自发挥。

当年宏碁算是台湾早期高科技产业的代表，是许多高科技人才的第一志愿，人才济济，我也遇到公司的人才之间因个性不合而有所冲突。我那时将事业分拆，提供不同的舞台，让人才各自发展，集团也因而让许多有经营能力的人有机会一直往上成长。

传统文化中，师傅留一手也是双输的想法，既不利他，更不利己。我反向思考，从自己开始，在企业塑造师傅不留一手的文化，在宏碁，培养接班人是主管升迁的重要考核标准。不留一手，自己就要不断前进，才不会被赶上，当你一直往前，就可以蹦出新东西，有新的生路，如果永远只会那些旧的东西，很容易碰到瓶颈。

很多领导者都担心无法做好最佳决策，我自己是从利他出发，相信人性本善，同时绝对授权，过程中有对有错，大体来说结果是好的，因为就算犯错，只要决策者能够认输，就能从错误中学习。

事实上，勇于认输的人往往才是最后的赢家。经营企业如此，做任何事情也一样，当错误发生时，外人很难得知，但当事人最清楚，如果能放下面子，先认输，再改进，这样进步最快。

第18章　培植组织的变革DNA

> 企业领导者要在组织内植入改变的DNA，光是改善，跳脱不出原有思维。

我长期关注境内外企业的经营管理，如果领导者要让企业能够突破多S曲线末端成长趋缓的瓶颈，根据我的实务经验，每隔十年，未来也许更短，企业要主动再造，进行变革，不要等到真的出了问题再来改变。

20世纪90年代初期，美国、日本企业都在谈再造（reengineering），可是日本从90年代经济泡沫化后一直无法再崛起，我观察到一个很重要的原因，就是日本太依赖过去改善（kaizen）的成功模式。持续改善还是走在原路上，虽然质量已做到最好，但不见得能符合市场的需要，只要出现跳跃式创新的竞争对手，提供市场更好的选择，就会取代现有的企业。

新经济时代，企业无法只靠改善克服所有的问题，必须靠变革管理带来全新的思维，突破成长极限。从多S成长曲线来看，变革管理应该在典范转移时就要主动出击，但人性不喜欢改变，除非当时看到新机会，或是经营面临困境。

所以，领导者要在组织内植入改变的DNA，企业如同人体，不只要存活，更要常保活力。面对大环境不断改变，当企业推动变革，我常说企业CEO就要"换脑袋"，如果CEO不换脑袋，那就得"换位置"。一般来说，国外企业在进行变革管理时，都会换CEO，但对华人企业来说，也许换脑袋更有效，因为在位的CEO更了解公司的组织文化与发展脉络。

在知识经济时代，你不可能用同一套方法做一辈子，要在"老套"还能赚钱时，先思考好"新套"，否则有可能在竞争对手崛起下，变成跑龙套的角色，甚至被市场淘汰。

☺ 领导者是变革管理成功与否的关键

与直线式的改善不同，变革是跳跃式的，启动的时机很重要。第一可以看营运数字，数字开始表现不佳，就是时机。第二看外部环境的变化，当环境明显改变，影响到内部，也是改变的时机。

不过，我不认为变革管理可以完全靠外部的顾问，大部分要靠自己，顾问只能提供一些建议。宏碁在一造时找过麦肯锡顾问公司，后来放弃了，准二造时也找他们协助改善全球运筹流程，但后来也没办法针对研发到服务的全球流程提出太多因应策略，因为我们当时选错变革题目，自有品牌与代工并存的冲突本来就是无解。要选什么题目进行变革应该由自己决定，顾问只能提供有哪些解答的方法，如果要靠顾问来做变革，基本上已经失败了一半。

领导者是变革管理成功与否的关键，要相信原来的老路已行不通，从自己到整个团队都要换颗新思维的脑袋。在进行变革管理之前，我非常用心，很多人认为我动作慢，其实我是在观察、思考，找对的变革题目，该动作时才采取行动。对事，我很果断，该怎么做就怎么做，但对人，我的原则是和缓，就算这个人无法胜任现有的职位，也不会给他难堪，还会帮他找适合的舞台，除非他做了对公司不利的行为。

变革要有重点，不能失焦，要与经营团队一起讨论，并达成共识。特别是 CEO 与未来要分头执行各项策略的经营团队要能达成共识，也要找到清晰的愿景目标，不能唱独角戏。像我自己会咨询很多同仁，我的变革信心来自我的沟通，因为要得到助力，要他们也认为可行，如果主帅在前头摇旗呐喊,却没人跟随也没用。

再来是简化,在众多策略中投票选出三、五项关键策略,甚至最好设定在三个以内。之后,专注在这几个团队有高度共识的策略上,推动变革,只要能把关键策略做对、做好,其他枝枝节节的问题自然也就解决了。

过程中,持续跟团队进行有效沟通。我在推动宏碁再造初期,几乎每个月都要与经理级以上的主管进行沟通,变革的成效反映到财报数字上需要时间,短则一年,长则三年,这会考验大家的耐心和信心。

以宏碁的世纪变革为例,从2000年年底启动变革,到真正看到曙光花了一年半的时间,再到真正有好的成绩出现约两年半。在看到成果之前,要能坚信变革是往对的方向走。领导者要不断与大家沟通,通报这些努力的成果为大家打气,像库存降低、新产品的开发进度、新订单等先期指针,这些指标外界看不到,但内行人知道公司已走在正确的道路。

☺ 变革要舍得丢掉包袱

企业变革要建立新观念、新文化,光说是不够的。大家心里会问:"是不是玩真的?以前不是这样,真的要这样变吗？"人性会观望，看龙头先变，龙尾会慢慢等，每个人都是等轮到我再说，领导者要让大家知道非变不可。

在宏碁第一次再造的时候，为了展现变革的决心，我在1991年还向董事会提出辞呈，获得董事会慰留后，才正式展开再造工程。这个动作也是要让公司全体员工体认到，公司面临非变不可的情况，连老板自己的位子都已经不保，大家更要下定决心，进行变革。

最重要的关键是，要舍得丢掉包袱，该砍的要先砍掉。这个观念隐含的意义是，过去的包袱由过去的人承担，新的人要来接，要把过去的账先算清楚，接手的人所做的努力与成绩才能显现出来，并获得应有的奖励。像日本有些银行，十年不打坏账，结果每年的绩效都不好。

举例来说，美国企业如英特尔放弃DRAM部门、德仪放弃笔记本电脑部门及DRAM部门，宏碁买下德仪笔记本电脑部门时，德仪还支付宏碁近一亿美元，若非如此，德仪这个部门因经营不善，后续要付出的代价可能更高。当宏碁买下德仪笔记本电脑部门，消息一宣布，德仪当天股价立即上涨。德仪在处理笔记本电脑部门后，又处理DRAM部门，虽然公司营收只剩不到原本的一半，但市值却因而成长四五倍。

随着时空环境的不同,企业借由启动分割及并购,分分合合不断变革,才是对企业最有利的一种方式。这种现象在华人文化很难想象,但在美国会发生,因为美国的客观环境已发展到这个地步,投资人是这样在看事情。

像我是台湾第一个进入DRAM产业,而且第一个跑出来的,也是唯一赚到钱的。因为DRAM领域并非宏碁专长所在,当时就决定让德碁给台积电并掉,帮宏碁去掉一个大包袱。

☺ 变革要能成功,过渡管理与执行力很重要

过渡管理(transition management)是再造成败的关键。企业原来的状态是什么,未来要走向哪里,从原来走到未来的不同之处要讲清楚,包括目标、策略、组织、运作和以往有何不同,企业内部的沟通文件都应该事前整套准备好,才能与大家充分沟通,并把共识与信心感染给每一个人。

而且,要设计一些化繁为简,或是由简至难的行动计划来执行,简单的先做,难的慢做,做出小成就后,再来带动大成功。初期,内部的杂音一定很多,因为不习惯,也没有把

握,每个人都会有一些不同意见,如果没有充分沟通,很容易就会走回头路,让变革前功尽弃。

当然,变革要能成功,执行力是关键,除了策略规划要简化、专注之外,内部的培训、追踪、考核、奖惩也要能配合,领导者的言行能否贯彻一致也都关系着落实策略的执行力程度。

再造之后,企业资源重新分配亦十分重要,"暂缓"方向的资源要抽离出来,"加强"方向的资源要重新配置,例如企业关键绩效指标(key performance indicator,KPI)就要调整,激励机制也要配合,以往每年算一次总账的激励机制可能要改为每季订一个不是太难达成的变革目标,达到了,就给奖金,实时激励同仁。

有的企业推动变革管理时,习惯借助外来力量,如找外面的CEO接手,大刀阔斧进行企业再造。但以宏碁为例,过去的两次再造都是由内部进行,甚至下一次宏碁的再造变革我都期待由内部来操作,这是因为文化的不同,在华人企业,由内部发动的再造变革还是比较有效。

公司内部的人对公司过去发展的历史与现况最清楚,内部再造动起来也最有效率,如果借重外部的力量,往往要花费许多时间说明公司的来龙去脉,成效未必好。

企业就像人体,需要好的新陈代谢,通常公司越大,再造所需的时间越长,难度也越大。领导者要在事业巅峰时,就要想下一个阶段应该怎么发展,宁愿推动未雨绸缪的变革,也不要等到当头棒喝的冲击来临时,再来进行改变。

第19章　打造永续经营的企业

> 建立接班制度是为了让企业能永续发展，交棒就不要想再复出，享受大权旁落，安心放手。

我在四十多岁时已经决定,六十岁退休会将公司交棒给专业经理人。从创业的第一天开始,我就不认同公私不分的企业文化,因此很早就在公司内部建立所有权与经营权分开的理念。

所有权与经营权分开能让企业永续。经营权交棒给有能力的专业经理人,所有权可以传给家族成员,他们单纯当股东就好,不论对孩子、对股东、对公司同仁都是最佳的安排。我看到有很多企业第二代接班时,争产夺权,兄弟阋墙,这是谁的责任?上一代要为此负责,接班应该要事先安排好的。

我能交棒的东西有两个,一是企业经营权,二是财产。我的小孩从中学开始就知道,经营权不会交棒给他们,碰都不能碰。至于财产,我拿出部分作为公益基金,回馈给社会,并把责任交给他们,帮我经营下去,保留公益基金之后,

第四部 做个微笑CEO

我拥有的公司股权则分给子女，由他们自行处置。

现在，很多人都用信托，将家族持股集合在一起，以便控制公司。我本来就没有"公司是我的"观念，今天我有股权、有能力，都不去控制公司了，子女更没那个条件去控制公司。如果有一天，我的子孙要将股权卖掉，只要公司永续，他们能善用这些财产，就可以了。

反过来说，如果当初，我选择交棒给子女，对他们也不公平，他们可能会被迫放弃自我，人生就是要走出一条自己的路，做父母的要尊重子女的人生自主权。更何况若他们经营企业的能力不足，也会过得不开心，对所有股东，以及多年来一同创业、打拼的同仁也不公平。

目前，我的小孩都有各自的兴趣与舞台。如果有一天，因为公司需要，我的第二代、第三代被公司邀请参与经营，我不会反对，但前提一定是要能胜任，他们必须是股东认为足以担大任的专业经理人，也有能力做好。

既然决定传贤不传子，就要早点开始用心安排交棒，日后企业接班才能顺利成功。

我知道，对于我传贤不传子，实际上仍有很多企业经营者无法接受这样的观念。华人普遍认为，企业要交棒给子女或家族成员，这并没有对错，只是我追求的是永续，因为传统文化的家天下、师傅留一手不利于培养下一世代的杰出领导人才。

 交棒过程要摊着牌打牌，进行接班人布局

许多企业第一代在面临交棒时，常放心不下，这个障碍其实是心理问题，以及未能尽早安排，培养接班人才。我的交棒过程是摊着牌打牌。退休交棒前一两年，就已告知接班人。

20世纪90年代初期，我就提出"享受大权旁落"的经营理念，这跟建立好的接班制度有正向的关系。很多事情是大家跟着我一起做，一起负责，我不留一手，想什么、有何经验都会跟他们分享。

最重要的是，这能给接班人舞台，因而有实务历练的机会。要培养接班人，就要授权，也就是要放手，接班人有可能犯错。如果害怕他们会犯错而亲力亲为，虽然比较有效率，但自己能做多少事？个人能力有限，精力也有限，管理是通过别人之手替你做你要做的事，组织才能做大。

对于接班人做错的决策，要当成是训练的过程，不可以因此把权力收回，而是跟他一起检讨决策，分析问题。何况,如果没有机会犯错,怎么可能成长?当年,我还提出,"龙梦欲成真、群龙先无首",这个意思是要实现大梦,就要先授权,让接班人有独立发挥的机会。

领导者可以慢慢放手,由小而大,从旁长期观察接班人的表现,等到可以放心委以重任时,再放大授权。如果他们在小授权时表现不好,就失去做更大事情的机会,对公司造成的损失有限。借由长期的观察,还会看走眼的机会其实很小,但万一发生,也只有认了。

在宏碁的经验,很少发生看走眼的情况,我们很早就是全部员工皆股东,通过全员稽核,一有风吹草动,就会有信息出来,即可采取必要措施,防止出现更大的纰漏。但如果是有关经营决策事后失败,这本来就是企业经营会发生的风险,不能怪罪接班人。

在选择接班人选时,诚信是首要考虑,其次是责任感,身为领导人绝对不能推卸责任,要能一肩扛起责任。另外,我会观察他的心胸是否开放,CEO要能够听取众人意见,从中学习,不断成长。

当然,我也会希望找到有能力,同时价值观又能与我有共识的人,但每人个性不同。我的个性是"me too is not my style",不跟随别人,对于接班人有不同风格及个性,我不但尊重,更是支持、鼓励,因为如此,接班人才有机会发挥本质,把组织领导得更好。

以华人企业来说,接班人由内部升迁会是较佳的方式。

我一手创立的事业,到我60岁退休时,整个集团已成长至相当庞大的规模,交给单一接班人的可行性不高。因此,分成宏碁、明基、纬创三大事业版图交棒,这个安排比较符合企业永续的资源分配方式,也能让他们各自专注在不同领域,否则混在一起交棒,虽然规模大,却不具竞争力。

另一方面,分成三大版图也是考虑接班人同侪之间的组织生态,不鼓励他们争执,划分各自的山头,各有发挥的空间,少了牵扯。

在我的三个接班人中,除了纬创董事长林宪铭是由原宏碁计算机将研发制造独立出来的事业,直接由他接任董事长暨执行长之外,我担任宏碁、明基董事长都长达二三十年,王振堂、李焜耀与我角色密切重叠的交棒时间也超过三、五年之久。可以说,在我当董事长期间,接班人已实质执行CEO的工作,简单来说,就是他做事、我负责。

正式交棒之前,我尽量让接班人做决策,算是另类的虚拟交棒,如有不足,我再从旁补强,在虚拟交棒的过程,我会把企业永续经营的要点与接班人沟通,之后交棒就会更有信心。如果，他们有不敢担当的事来找我，我也会支持他们自己决策，成败由我负责。此外，我还让接班人有足够的空间及责任感，这也是为什么我在交棒后，很多事情不愿意插手的原因。

一般组织的文化习惯"揣摩上意"，上面怎么讲就照做，做不好就没有责任，但如果大家不负起责任，公司如何能有效发展？让接班人负责，决策由他来敲定，即使我对决策有不同意见，我也会声明仅供参考，最后决定还是由他们自己做，用这种态度放手。

即使接班人的经营绩效不如预期，我也不会重新跳到第一线，帮他负责，而是再给他信心，支持他负起责任，继续走下去，一时的挫折与失败经验对人才来说是很好的学习教材。若在此时打击接班人的信心，你就很难打赢顺利交棒这场重要战役，有任何建议，一定要婉转，目的是让他知道可能在某个地方需要调整。

除非是接班人完全无法胜任，组织对这位CEO已经没信心，形成换人的气氛，我才会思考是否需要换人做做看。不然，我还是会支持原先的接班人，找他及经营团队一起讨论，凝聚共识，重新制定策略方向，让决策能有效被团队执行，挽回大家对他的信心。

而接班人也要知道,并且重视组织的接班体制,才能不断培养一代又一代的接班人,让企业永续经营下去。

交棒后,绝对尊重领导者的决策,更不要介入经营权

很重要的是,我在交棒后,绝不介入经营决策。分家后,ABW(Acer、BenQ、Wistron)三家公司各自有不同的股东、员工,我向来尊重各公司领导人以该公司利益为优先,而不是以我的想法为优先。

三个家族成员如果有业务往来的关系,并不是我来决定谁该向谁买,或产品该卖什么价钱,而是他们认为何者是对公司最有利的条件。大家是兄弟,却是独立思考的个体。亲兄弟,明算账。

当年,宏碁与明基都投入经营品牌,在市场上可能有部分产品线重复,造成竞争关系。我给他们的意见是,如果某个产品,其中一家已经做得很好,另一家看起来没什么机会,建议可以做别的东西。

我提供的意见不是因为他们是兄弟公司,不该做冲突的东西,而是基于微笑曲线思考,不要因为看到别人做,自己也要做,而是评估是否值得投入。但若另一家还是想用不同

的策略做相同的东西，我绝对尊重，也支持领导者的决策。

现在回头看，三位接班人的表现青出于蓝，皆带领公司再创高峰。Acer品牌一度成为全球第一大笔记本电脑品牌、全球第二大个人计算机品牌（后来因前任执行长兰奇未了解产业及市场的变化，导致营运表现受到影响）；明基友达集团也为社会创造出新的价值，虽然明基因为西门子事件受到影响，我相信KY（李焜耀）有能力走出新路；纬创也因为打破独家供货给宏碁的关系，奋发图强，提高竞争力接其他大厂代工业务。这些表现，实在是我创业时想都没有想到的。

以宏碁的交棒经验来看，台湾企业国际化要成功，借重洋将是必然趋势。宏碁可以算是全球最国际化的跨国企业之一，不仅执行国际化，决策更国际化，由各区的负责人共同决策，因此落实决策的能力强。

我借重洋将，给他成就感，有决策权，若因国际化需求，决定要让外面的洋将掌舵，也要及早安排他到公司历练至少五六年，建立战功之后，再接班。兰奇原本是宏碁当年并购德仪笔记本电脑部门留下的人才，他其实在公司多年，一步一步为宏碁拓展国际市场，立下战功，也与经营团队建立长达七年的互信基础，才正式接下集团经营大任。

交棒后，就算是洋将经营，我也不干预集团运作，之前JT（王振堂）、兰奇两方因经营观念不同，分别来找我，我尊重在位者，只是居中协助沟通，最后要怎么做取决于他们自己。

☺ 资深同事与接班人同僚的安排也是顺利接班的重点

在我退休交棒时，为了让接班人容易办事，所有比接班人资深的同仁都跟我一起提前退休。

这有两个好处，一是让指挥系统简单，不要有老臣讲话而接班人不尊重也不好意思的窘境，让他可以放手去做。其二，PC产业竞争激烈，产业微利化，这些资深同仁人事成本高，离开有助降低公司成本。

这些资深同仁退休后，我邀请他们一起到智融集团这个新舞台，与我一同再创人生事业的第二春。我也希望智融集团是对台湾产业界有所贡献的另一种形态，继续借重这些经验丰富的人才。

另外一个重点是，决定接班人后，还要事先对和接班人同级的同僚有适当的安排，最常见的结果就是他们会出现离职潮，通用电气集团（GE）也是如此。宏碁集团交棒的过程，因为早已分拆，在发展过程中自然一分为三，各有各的舞台，也比较顺利。

如果由企业内明显立有战功的同仁接班，组织内的同仁也会服他，这种交棒也没有问题。但若只是在一群同侪择一担任接班人，就会出现问题，要留住接班人的同侪们，必须事先安排位置给这些人，尽量避免他们之间产生冲突，不然，这些人才很有可能离开，对公司造成某种程度的影响。

☺ 享受大权旁落，安心放手

许多企业第一代创办人在退休后，还是会在幕后继续掌权，挂上名誉董事长，我不喜欢这样，交棒就是交棒，真正放手。

虽然我还是以大股东身份，身兼宏碁、明基、纬创三家公司董事，不过，也只通过例行董事会了解公司运作，站在董事立场，分享我的经验与想法，供他们参考，绝不做决策，公司决策完全交由经营者。事实上，很多公司情况我都还是从报刊媒体上得知。

我很早就决定60岁要退休,在宏碁2000年进行分割时,也向同仁说:"我将在60岁时退休,是荣退?或是黯然下台?就由大家来决定。"企业是大家的,我打定主意交棒,就是为了让企业建立永续发展的机制。

很多企业经营者交棒后,往往又因经营绩效未如预期,或大环境发生巨变,重新站到第一线。

大家要有个正确心态,接班人上任后,不能期待企业还是和以前一样,领导者已经不同,未来的客观环境也不同,企业的成功模式自然就要不一样。

所以,我交棒之后,从没想过复出,不能像某些成名歌手一样,举办告别演唱会几年后又找机会回到舞台。歌手可以这样做,因为唱歌是他个人的事业,但企业是群体的事业,任何一个变动都影响深远,所以企业不适合这么做。企业交棒的目标是为了永续发展,如果再回去,总有一天还是要交棒,只要能想通,就没有什么放不下的。交棒后,完全享受大权旁落,安心放手,这也是未来领导者要培养的一种心态。

企业能否突破过往的成绩再创高峰,就要看接班人怎么带领企业,也许在前人的基础上,有机会发展得更好,也有可能会面对不同的挑战。

最重要的是，我不做事后诸葛，只是看到有什么要注意的会提醒一下；因为责任不在我，而在接班人。我也从不下指导棋，因为这么做很可能反而成为别人失败时的借口。即使事后出问题，我还是会站在支持他们的立场，千万不要有"不听老人言，吃亏在眼前"的想法。

只要接班人已充分考虑，做出决定，对他们的决定我一定会支持。企业发展本来就要承担风险，如果决策的结果未如预期，我只期待每一个教训，都能让接班人学习更多，累积经验，并有所成长。

现在台面上的大企业，30年前都还是中小企业，甚至是不存在的。Google也才10多年，要让企业生生不息，就要建立交棒的接班制度，企业交棒，对全世界来说都是个问题。

美国企业CEO已经把接班变成是董事会的责任，由董事长代表董事会或成立专责的委员会出面寻找接班人，但华人的企业文化与客观环境不同，目前企业也都还在学习如何处理接班的问题。

现在还是有很多创业者或经营者问我，要将企业交棒是否真的很难？交棒并不难，重点是，我准备了很久。

我很庆幸一件事，已经不少企业家对宏碁传贤不传子的交棒模式印象深刻，这也是我的希望。当社会已经多元化了，华人企业交棒，没道理不多元化，应该有更弹性，以及让企业有机会永续经营的更多选项。

☺ 企业交棒接班三部曲

首先，企业安排接班的时间要足够长。视企业的规模大小，至少在交棒前三至五年开始准备，以与接班人培养接班的默契，并且"不留一手"地分享经验，与接班人一同检讨公司的决策，并将决策的背景与思维让其充分了解并累积经验。企业内要有足够的接班候选人，以保持弹性，并有选择的余地。

其次，当决定接班人选后，要在交棒前为其排除接班后的所有障碍。这也包括要排除交棒者自己介入的障碍，不能在背后下指导棋，要放手充分授权，让接班人能独当一面。

最后，在正式交棒放手前，尽量协助其在组织内建立接班的战功。在过程中，尽量将指挥交棒，在背后看着就好，必要时再出面给予支持，功劳给接班人，不断重复这样的过程。而这个交棒的过程往往要长达三至五年。

第20章　让人生微笑的关键

> 人生以享受为目的,服务、贡献、牺牲小我都是一种享受。列出你人生绝对要的,与绝对不要的,然后,创造与经历你的人生。

我曾经出过一本书，叫《鲜活思维》，后来，有位高中生的妈妈打电话到公司给我，告诉我她儿子看完书后，说施先生跟他的想法一样，这让我很得意。我想，是我在里头提到的新好逸恶劳理论，以及人生以享受为目的，让这位高中生心有戚戚焉。

那是我20世纪90年代提出的想法，经过十多年，我还是这么认为，而且对于时下喜欢批评年轻人好逸恶劳，一代不如一代，我有不同的看法。

人类的进步就是好逸恶劳而来的。什么是逸？什么是劳？如果逸代表高质量的生活，劳代表低效率的劳动，那么，知识经济时代需要新的好逸恶劳。当一个人身体虽然没有劳动，可能他的脑袋却不断在构想什么创意，可以创造更高的价值，这已经是无形胜过有形价值的时代，贡献是通过价值除以成本来评估，正因为有好逸恶劳之心，才产生更高的无形价值。

过去,有形的产生往往是有了什么,另一样东西就要消失,比如,要盖房子,就要用掉水泥;要生产汽车,就要用掉铁矿。但是,无形却可以无中生有,一首歌、一本书,并不需要原料,当有人听了、看了,音乐、书本并不会缺损,阅听者越多,越有价值。财富有形,"才富"无形,这也是人生的微笑曲线,当你越往两端发展无形的"才富",越能创造高价值的人生。

依赖劳动创造价值的时代早就过去,我们不能再以过时的标准来评断年轻人,用降低成本(cost down)的想法看待人才的竞争力,应该改以附加价值(value added)来评断。况且,真的一代不如一代吗?教育的普及、数字科技的应用、遍地开花的创意思维,现在的二十、三十世代拥有的知识与技能,多少是上一世代望尘莫及的?

☺ **经营人生跟企业一样,要创造正向循环,以及生生不息的永续**

其实,我和一般人一样,也爱追求快乐、名利,人生以享受为目的。但我发现为了名利、快乐享受的自身利益,更要奉行利他原则，否则只会事与愿违。

一般人追求成功都是从利己出发，越是汲汲营营，结果名利越离越远，而从利他出发，结果往往是利己。小时候，为了不让母亲担心，我从最小的利他开始，做好学生分内的事，好好念书、认真学习，结果受益最大的是自己。长大后，为了获得名利的回馈，我要创造价值，但如果只有我有心，没有别人有共识一起做，我也做不出所以然来。为了集众人之力，我要了解大家在想什么，聆听与读懂别人的心，将心比心，给大家想要的，所以想贪图名利，反而要先不贪和利他。大学时，同学们想玩，我就替大家想办法，成立社团；出社会后，我胆量小，要聚众才能成事，而大家有创业的向往，却没有机会，我就出来聚众，创立宏碁。

经营人生跟企业一样，要创造正向循环，以及生生不息的永续。什么可以永续？就是好名声，这是没有极限的。想要别人对你敬重与赞扬，就要用王道精神追求名利，因为靠不讲道理、不顾道义的手段得来的名利也不会长久。

有次在飞机上，旁边坐了一位建筑业大老板，他对我说："我赚很多钱，但你比较有名，有名比较好。"不过，名也有可能是臭名，不要为了得到名声去做某些事，也不要选择以牺牲他人为代价的成功，你的名声、成功都要能帮助别人，为社会创造价值，这样一来，回馈给你的名利就是正向循环的成果。

☺ 列出人生绝对要的与绝对不要的

娑婆世界，有太多诱惑，所以，你要列出人生绝对要的以及绝对不要的，坚持原则，然后再去创造、经验你的人生。人生没有任何状况会重复，每个人遭遇都不一样，你前一秒、后一秒时间也不同，要能抓住坚持的原则。

我好奇心重，喜欢做没做过的事，当然有好、也有坏。小时，曾尝试过抽烟、赌博、打架，有次看同学赌钱，还被老师逮到，在学校跟同学吵架，被打后，回家还要再挨一次母亲的竹条。后来，我觉得抽烟、赌博、打架的滋味都不好受，决定不要再碰。活到现在，我的人生有三个绝对不要的东西。

第一是绝对不要欠钱，包含赌博，因为赌钱到最后，你一定会输。我到拉斯维加斯，也不会进去赌，既然它是人生绝对不要的选项，就不要让自己有机会去碰到，你碰了，能保证克制自己吗？我跟朋友之间也几乎没有金钱往来，当然有些朋友会突然有困难，希望我帮忙，那是例外，借钱给别人，事先要有心理准备，不要期待要得回来。

第二，绝对不要犯法与做亏心事，这比较容易遵守，做任何事都不要违法，以及违背自己的良心。

第三是我绝对不要桃色纠纷，所以会跟女性保持距离，尽量不要接近，不要有任何会产生误解的机会。

而我绝对要的是，想让别人快乐，使大家喜欢我，我也一直努力做我想要的。快乐不是一个人的事，而是相互依生，如果你能使一个人微笑，他的微笑也会滋润你，如果你问我最希望拥有什么才华？我会回答想要拥有让大家都快乐、幸福的本事。

孙中山说，人生以服务为目的。我要改成，人生是以享受为目的。其实两句话的目标是相同的，因为人生在世，我们如果要享受人生，就一定要先替别人服务，想要享受生活，就要以利他出发，才能享受人生。

☺ 很多的转折，实际是老天的安排，但也是自己的选择

另一个我绝对要的是，对未来保持信心。就算遇到别人眼中的失败，我还是让自己保持信心，再找出达成目标的方

法，没有信心，挫折很容易变成打击。

挫折是必经的进步过程。我大学联考成绩不如预期，没考上想要读的学校，但我不觉得这是失败，反而在就读大一时，就认真准备重考，来年如愿考上交大电子工程系。如果我把联考失利当成一番两瞪眼的失败，就不会成为交大人，之后为台湾地区开创计算机时代。

因为不把挫折当成失败，就读大一时，我尽情享受大一新生的生活，参加了很多的社团活动，个性也因此不再那么内向、害羞，变得喜欢交朋友。第二年考上交大后，更因为比同学多了在成大的社团经验，成为多个社团的领导人，训练领导与组织能力，让我学习如何凝聚大家的共识，毕业后，创办宏碁集团，打造出国际品牌。由此可知，塞翁失马，焉知非福。

我第一次在美国发表演讲，念稿念到自己都觉得很丢脸；也曾在日本计算机展，走上讲台后，发现台下一个记者也没有；我曾在记者发表会要上台前，被告知要解决侵权事件；20世纪90年代，美国子公司发生严重亏损，其他公司赚的都还不够亏，当时公司同仁批评声浪高涨。发生挫败事情的当下，我唯一做的事就是往前看，可以即刻处理就马上处理，不能的就仔细思考，因为急了反而错误变多。

宏碁曾被美国《华尔街日报》誉为个人计算机业发展史上东山再起的最成功企业之一。能够东山再起，正是让人生微笑的关键。

真正的失败是放弃，只要不放弃，再多的失败都是经验，它就是一个累积的过程。所以，享受成功的过程，不要有急于成功的心态。你要假设你现在的所作所为，结果可能跟自己预期会有出入，有这样的体悟，就不会在结果不如预期时，立刻认定失败了，对未来失去信心而放弃。

很多的转折，实际是老天的安排，但也是自己的选择。当你站在老天安排的十字路口，要往哪走是自己选择，既然你选择了，就别去后悔，对于已经发生的事，为何要放在心里苦恼，影响向前看的思路呢？

曾有人问我，会害怕死亡吗？其实，我一点也不害怕到达生命终点，必然会发生的事没什么好怕的，我只怕在到达终点之前，没有能力往前走、往前想，不能够再为他人创造价值。

什么才是有价值、有意义的人生？不要做"me too"（和别人一样），循着兴趣"enjoy life"（享受生活），做一些对社会有意义的事，那就是美好的人生了。

后 记

依然"施先生"
——微笑人生的未完成式

叶紫华

施先生这几年的退休生活是怎么过的？

每天，依然忙碌。他觉得，自己是从宏碁退休，不是从社会退休，要充分发挥自己的剩余价值，所以把公益当成"主业"，热心之外，还常倒贴。后来，接下台湾艺会董事长，更显忙碌了！早上七点半运动，晚上七点半看戏，多年来早上看五份报纸、几本杂志的习惯依旧保持着。

2012年7月，我们跟几位朋友坐地中海游轮旅行半个月，每下船到一个城市，我们都会特地买票进去当地美术馆、博物馆参观。有天，他看到一间现代美术馆，即便票价不便宜，他马上帮同行的六七人买了票，邀请我们进去接受艺术的熏陶。其实，现代艺术不是很好懂，但施先生就像个认真的学生，仔细端详、研究，全馆看完后，他发现有免费

WiFi可用，叫大家快点来上网，因为游轮上上网费昂贵，虽然出来玩，他还是挂心基金会的事，只见一行人瞬间变成"低头族"。

我不反对他去台湾艺会帮忙。艺文是他最不懂的领域，他贡献擅长的商业管理、品牌营销，为台湾艺文界创造出新价值，我在旁观察，看到效果已经慢慢出来，连带使施先生的品位稍微提升了一点点！

"为什么"先生

退休后的另一个改变是，他跟着我吃素。我开始吃素是为了他的健康许愿，那时他中风，我祈求上天，若他能康复，愿日后茹素。施先生吃素的这些年，身体变得健康，肠子的息肉也消失了，尝到健康甜头、喜欢分享的他，逢人就推崇吃素的好处。

不过，他还是一直在动脑，我们出去运动、散步，他习惯低头思考，我总要唤他，把他从思绪中拉出来，让他看看外面的世界；跟孙子玩时，他也无法放得很开，因为脑袋还在想事情。

施先生要退休前，很多人问我，他退休后会做什么？以前，我总想着最好能不要管这么多事，时间留给家人，再做一些回馈社会的公益。后来我发现,不能让他太闲,一是他的身体需要动,有动才有活力;二是不让他做外头的事,在家他除了看电视之外,还会问我一堆"为什么"。

过去,他忙公司的事,家务事我一手搞定,退休后,他开始学习生活事。由于他喜欢思考,从小养成发问的习惯,在他的逻辑里,做事要知道背后原因,连简单的家事都会问我:"为什么要这样做?"我这位"台佣"常被他弄得哭笑不得,最后只愿意让他碰热水壶(只需插电),其他的非君管辖,请他去做自己的事,以防还要回答层出不穷的"为什么"。

这就是施先生真实生活的一面,小至家事都会认真以待。

不变的传承之心

他的另一个"主业"是传承——把所知、所学、所得贡献给社会。管理是经验的累积,对台湾来说,施先生是带着观念走在前头,然后找到一群人愿意跟着他跑。他推动的"品牌台湾"就是很好的例子。经过这些年,现在的台湾地区很重视品牌,也知道质量是品牌的基础,大家也终于了解,要做好国际品牌,不能只讲个体,而是要集合众人力量,成就一个"品牌台湾"。

微笑曲线应该是他提出的众多观念里最广为人知的理

论,二十年后才出书,令人佩服他的"磨功"。

　　施先生很好相处,但专注思考,不论大小事,都能想得巨细靡遗,与他共事过的伙伴就知道,他会抓着大家确认每一处细节。就连演讲,经验丰富的他还是很认真准备每回讲稿,出书更是耐磨,书稿看过一遍又一遍。这本书在出境前他已看过两三遍,出发前进行最后校正,只来得及看完一部分,其余书稿就带上飞机看。

　　我期许,大家能吸收他的这些观念,但不是照抄。照抄不能保证成功,各行各业都有专精之处,可以运用施先生的概念,根据不同行业特性,深入探讨、钻研出自己的微笑曲线。

期许他沉淀、放下

　　如果问我,年轻人可以从施先生的身上学到什么?我想是诚信与谦卑。

　　他本人像是一位老实的学究,比他能力强的人大有人在,但施先生最重要的是能够实在做事,包容力强,重视诚信,态度谦卑,可以真心接纳多元意见,因此吸引很多人愿意帮他,他也就比较容易成事。他让我看到一个人能够实在做事,后头才会有人帮你,千万不要想取巧、走快捷方式。

  从1971年结婚至今，我们牵手超过40个年头，我希望他这本书出版后，能够真正地放下。放下，并非只是安静下来，而是能够在内心沉淀，产生更深层的精进，施先生的微笑人生还在进行中。

传承　施振荣的创见与理念分享

- **座右铭**　　挑战困难

　　　　　　　突破瓶颈

　　　　　　　创造价值

....

- **基本信念**　人性本善

　　　　　　　不留一手

　　　　　　　晓以大利（利益共同体）

　　　　　　　利他是最好的利己

　　　　　　　享受牺牲（享受大权旁落）

　　　　　　　传贤不传子

　　　　　　　要分才会拼、要合才会赢

....

- **创见**　　　微笑曲线

　　　　　　　品牌价值公式

价值六面相论（打破半盲文化）

垂直分工、水平整合

整合者工作外包，责任不可外包

相对大的品牌

全球品牌，结合地缘

主从架构组织

● 倡议　　　科技岛（人文科技岛）

世界公民

整案输出

专业品牌营销公司

千倍机会、百倍挑战

全球研制服务中心

全球华人优质生活创新中心

● 创办之志／事业　荣泰电子（1972年）

宏碁集团（1976年）

Computex台北国际计算机展（1984年）

自创品牌协会（1989年）

标杆学院（1999年）

智融集团(2005年)

王道薪传班(2010年)

微笑品牌发展中心(2011年)

艺集棒社会企业育成项目(2011年)

复旦版中欧经管图书

1. 《要素品牌战略——B2B2C的差异化竞争之道》 定价：38.00元
   〔美〕菲利普·科特勒、〔德〕瓦德马·弗沃德

2. 《赚多少才够——财富与幸福的哲学》 定价：30.00元
   〔澳〕艾伦·艾贝、〔澳〕安德鲁·福特

3. 《中国市场领导力——100位经理人的实战告白》 定价：28.00元
   李秀娟

4. 《中国ShEO——"她时代"下的商界女性素描》 定价：35.00元
   李秀娟

5. 《蓝色经济》 定价：36.00元
   〔比〕冈特·鲍利

6. 中欧商业评论精选集·人文卷——《人文沥金》 定价：26.00元
   朱晓明、〔西〕佩德罗·雷诺

7. 中欧商业评论精选集·领导力卷——《领导范儿》 定价：26.00元
   朱晓明、〔西〕佩德罗·雷诺

8. 中欧商业评论精选集·营销卷——《"赢"销导向》 定价：28.00元
   朱晓明、〔西〕佩德罗·雷诺

9. 中欧商业评论精选集·案例卷——《拍"案"惊奇》 定价：30.00元
   朱晓明、〔西〕佩德罗·雷诺

10. 中欧商业评论精选集·创新卷——《寻找"骇客"》 定价：30.00元
    朱晓明、〔西〕佩德罗·雷诺

11. 《都市行者——穿越人生的线路图》 定价：28.00元
    〔比〕白瑞夫

12. 《绿海商机——化社会责任为竞争力》 定价：30.00元
    蔡舒恒、刘书博

图书在版编目(CIP)数据

微笑曲线——缔造永续企业的王道/施振荣著. —上海:复旦大学出版社,2014.3
(中欧经管图书)
ISBN 978-7-309-10317-5

Ⅰ.微… Ⅱ.施… Ⅲ.电子计算机工业-工业企业管理-经验-中国 Ⅳ.F426.67

中国版本图书馆 CIP 数据核字(2014)第 025483 号

微笑曲线——缔造永续企业的王道
施振荣 著
责任编辑/孙程姣

复旦大学出版社有限公司出版发行
上海市国权路 579 号　邮编:200433
网址:fupnet@fudanpress.com　http://www.fudanpress.com
门市零售:86-21-65642857　团体订购:86-21-65118853
外埠邮购:86-21-65109143
浙江新华数码印务有限公司

开本 890×1240　1/32　印张 8.625　字数 131 千
2014 年 3 月第 1 版第 1 次印刷
印数 1—11 000

ISBN 978-7-309-10317-5/F·2007
定价:40.00 元

如有印装质量问题,请向复旦大学出版社有限公司发行部调换。
版权所有　侵权必究